EISMEER
FRANZ-JOSEPH-LAND
NOWAJA SEMLJA
BARENTS-SEE
KARA-SEE
Kap Tscheljuskin
LAPTEW-SEE
OSTSIBIRISCHE SEE
Kap Barrow
Brooks-Kette
Alaska
Alaska-Kette
BERING-STR.
Kap Prince of Wales
Ekiatap-Geb.
Mackenzie
Großer Bären-See
Großer Sklaven-See
FELSENGEB. (ROCKY MTS.)
Küstengebirge
Norilsk
Putorana-Plateau
Mittelsibirisches Bergland
Werchojansk
Werchojansker Gebirge
Tscherski-Geb.
Kolyma-Bergland
Kamtschatka
BERING-MEER
ALEUTEN
Ob
Westsibirisches Tiefland
Jenissei
Angara
Lena
OCHOTSKISCHES MEER
Baikal-See
Stanowoi-Geb.
Jablonoi-Geb.
Amur
SACHALIN
URAL
Moskau
Wolga
Kiew
Irtysch
Nowosibirsk
Sajan-Geb.
Irkutsk
ASIEN
Ulan Bator
Großer Chingan
Mandschurei
Wladiwostok
KURILEN
HOKKAIDO
Balchasch-See
Aral-See
Syr Darja
ALTAI
Mongolei
GOBI
Peking
JAPANISCHES MEER
HONDO
Tokio
Kobe
SHIKOKU
KYUSHU
KAUKASUS
KASPISCHES MEER
Turkestan
Taschkent
TIEN SHAN
Tarim-Becken
Altyn Tagh
Nan Shan
Huang-Ho
GELBES MEER
Korea
KOREA-STR.
PAMIR
Amu Darja
Hindukusch
Kabul
Karakorum
KUNLUN SHAN
Tsinling Shan
China
Shanghai
ELBURS
Hochland von Iran
Bagdad
ZAGROS-GEB.
Euphrat
PERSISCHER G.
Tibet
Brahmaputra
HIMALAYA
Salween
Yangtse Kiang
OSTCHINES. MEER
RYUKYU
Arabien
Wüste Thar
Delhi
Ganges
MT. EVEREST 8 848 m
Südchinesisches Bergland
Canton
Hong Kong
TAIWAN (FORMOSA)
Indien
Calcutta
Hanoi
HAINAN
ARABISCHES MEER
Dekkan
Westliche Ghats
Östliche Ghats
GOLF VON BENGALEN
Indochina
Mekong
Bangkok
LUZON
PHILIPPINEN
SÜDCHINESISCHES MEER
LAKKADIVEN
ANDAMANEN
GOLF VON ADEN
Kap Gardafui
Somali-H.-I.
Hochland von Abessinien
SRI LANKA (CEYLON)
Kap Comorin
Colombo
MALEDIVEN
NIKOBAREN
Halbinsel Malakka
MALAKKA-STR.
SUMATRA
Singapur
KALIMANTAN (BORNEO)
CELEBES SEE
MINDANAO
SULAWESI (CELEBES)
MOLUKKEN
Nairobi
INDISCHER OZEAN
SEYCHELLEN
AMIRANTEN
SANSIBAR
TSCHAGOS-ARCHIPEL
ALDABRA-IN.
KOMOREN
GROSSE SUNDAINSELN
JAVA
JAVA SEE
Jakarta
KL. SUNDAINSELN
BALI
TIMOR
BANDA SEE
SERAM
Irian
NEUGUINEA
BISMARCK-ARCH.
NEU-BRITANNIEN
SALOMONEN
ARAFURA-SEE
TORRES-STR.
CHRISTMAS-INSELN
KOKOS-IN.
TIMOR SEE
Darwin
CARPENTARIA-GOLF
Kap-York-H.-I.
KORALLEN-MEER
STRASSE VON MOSAMBIK
MADAGASKAR
MAURITIUS
RODRIGUES
RÉUNION
MASKARENEN
Kimberley-Plateau
Große Sandwüste
Macdonnell-Ketten
Großes Artesisches Becken
GREAT DIVIDING RANGE
AUSTRALIEN
Große Victoria-Wüste
Perth
GROSSE AUSTRAL. BUCHT
Murray
Sydney
Melbourne
MT. KOSCIUSKO 2230 m
BASS-STRASSE
TASMAN-SEE
TASMANIEN
NEUSEELAND
NORDINSEL
Wellington
SÜDINSEL
CHATHAM-INSELN
NEU-AMSTERDAM
ST-PAUL
CROZET-INSELN
KERGUELEN
HEARD-I.
OZEAN
CHESTERFIELD-I.
NEUE HEBRIDEN
NEU-KALEDONIEN
LOYALITY-IN.
FIDJI-INSELN
NORFOLK-I.
KERMADEC-INSELN
BOUNTY-INSELN
ANTIPODEN-INSELN
AUCKLAND-IN.
CAMPBELL-IN.
MACQUARIE-I.
STEWARD-I.
PAZIFISCHER OZEAN
MIKRONESIEN
MELANESIEN
POLYNESIEN
MARIANEN
SAIPAN
GUAM
KAROLINEN
YAP
MARSHALL-INSELN
BIKINI
ENIWETOK
KWAJALEIN
GILBERT-INSELN
NAURU
ÄQUATOR
PHÖNIX-INSELN
ELLICE-INSELN
FUNAFUTI
SANTA CRUZ-IN.
SAMOA-INSELN
TONGA-IN.
COOK-INSELN
GESELLSCHAFTS-INSELN
TAHITI
MARQUESAS-INSELN
RAPA
SÜDLICHER WENDEKREIS
NÖRDLICHER WENDEKREIS
HAWAII-INSELN
Honolulu
MAUNA KEA 4 200 m
JOHNSTON-INSEL
WAKE-I.
MARCUS-I.
BONIN-INSELN
VOLCANO-INSELN
MIDWAY-INSELN
NÖRDLICHER POLARKREIS
SÜDLICHER POLARKREIS
Wilkes-Land
Adelie-Land
Victoria-Land
ROSS-MEER
BALLENY-IN.
ANTARKTIS

Heinrich Harrer

MEINE FORSCHUNGS-REISEN

Pinguin-Verlag, Innsbruck

Alle Bilder mit Ausnahme des Fotos auf Seite 61 (© Fond Leopold III.)
stammen vom Autor.
Die Karte Seite 104 wurde mit freundlicher Genehmigung der Herausgeber
dem Buch Claudius C. Müller – Walter Raunig, „Der Weg zum Dach der
Welt“ und die Karte für den vorderen und rückwärtigen Vorsatz aus
„DER GROSSE READER'S DIGEST WELTATLAS“, Verlag Das Beste Stuttgart - Zürich - Wien,
entnommen.

Gestaltung: Jochen Pabst, München
Farbreproduktionen: IFOLITH, Innsbruck
Druck- und Bindearbeiten: Carl Ueberreuter
Druckerei Ges. m. b. H., 2100 Korneuburg
Printed in Austria
ISBN 3-7016-2242-6

Inhalt

„Glück ist der Einsatz der letzten Reserven."

Alfred Wegener

Vorwort

Von Prof. Dr. Hanno Beck (Leiter des Amtes für Forschung der Humboldt-Gesellschaft)

Heinrich Harrer – einer der letzten großen Forschungsreisenden

„Jedes Wort, das Sie aufzeichnen ist wertvoll... Sie haben eine Gelegenheit, die noch nie einem Europäer zuteil geworden ist, Einblick in das intime Leben der Tibeter zu bekommen. Ich lese Ihre Briefe wie Romane..." Sven Hedin an Heinrich Harrer.

Heinrich Harrer[1] gehört wie Robert Eyssen, Karl Helbig, Thor Heyerdahl, Carl Troll, Julius Büdel, Martin Schwind, Albert Kolb und Herbert Wilhelmy zu den letzten großen Gestalten des dritten Abschnitts der Geschichte der Reisen[2]. Er und seine Kollegen lehrten uns, daß die Welt auch im 20. Jahrhundert noch nicht ganz entdeckt sei, daß im scheinbar Bekannten noch das Unbekannte lauerte und wartete. Sie alle waren oder sind nie Verächter des Abenteuers gewesen, doch haben sie es durch Vernunft und eiserne Vorbereitung diszipliniert, indem sie ihre Reisen der Sphäre des Leichtsinns entrissen. Von Heinrich Harrer konnte mit Recht gesagt werden: „Immer... widmete er sich mit Geduld und Genauigkeit den Vorbereitungen"[3]. Und gerade diese Fähigkeit hat den Typ des Forschungsreisenden konstituiert – als eines Forschers, der nicht nur Abenteuer wagte, sondern auch Bleibendes in seinen Ergebnissen erreichen mußte.

Der Weg zur Eiger-Nordwand

Am 24. Juli 1938 spielten sich kurz nach 15.30 Uhr die Telegraphen weltweit eine sensationelle Nachricht zu: Vier Bergsteiger hatten die Eiger-Nordwand bezwungen. Erstmals tauchte damals der Name Heinrich Harrer auf. Das Unternehmen war von ihm mitvorbereitet worden, und es wurde deutlich, daß dieser junge Mann das bis dahin erreichte Resultat seines Lebens, seine gesamte Bildungsbemühung und sein alpinistisches Können kühn und verwegen auf diesen einen Punkt konzentriert hatte: eben die Ersteigung dieser 2.000 Meter hohen Wand, die von Sachkennern damals als „größtes alpinistisches Problem" bezeichnet worden war. Der Erfolg sprach für sich und überstrahlte das wetterwendische Glück und den Zufall.

Am 6. Juli 1912 in Knappenberg, Gemeinde Hüttenberg, in Kärnten geboren, fand Heinrich Harrer auf die natürlichste Art zur Übung und schließlich zum Training des Bergsteigens und Skifahrens. Schon mit fünfzehn Jahren hatte er allein den Mangart in den Julischen Alpen bezwungen.

Die Versetzung des Vaters, eines Postbeamten, ermöglichte ihm den Besuch der Realschule in Graz, wo er vor allem in Erdkunde einen Lehrer fand, den er nie vergessen sollte. Nach der Reifeprüfung studierte er Sport und bei Prof. Otto Maull (1887–1957) und seinem damaligen Assistenten, dem späteren Prof. Sieghard Morawetz (geb. 1903), Geographie. Maull war damals mit der Niederschrift seiner 1938 publizierten, viel beachteten „Geomorphologie" (Wien) beschäftigt, einem Forschungszweig, in dem immer noch viele Geographen die Hauptaufgabe ihrer Wissenschaft erblickten. Dagegen begünstigte das „Dritte Reich" die Tendenz zur Geographie des Menschen, der Maull, der nie einseitiger Naturgeograph gewesen ist, ohnehin viel Kraft widmete. Seine Examensarbeit machte Harrer über die Blaubänderung[4] des Gletschereises, wobei ihn Kurt Wegener (1878–1964), der Nachfolger seines Bruders Alfred (1880–1930) auf dessen Grazer Lehrstuhl, mit Bildern und Gesprächen unterstützte. Das bezeugt eine gewisse naturgeographische Prägung, der Harrer allerdings nie erlegen ist. Seine späteren Expeditionen erweisen den Vorrang des in wechselnden Landschaften und Klimaten lebenden Menschen.

Mehr als 600 Bergtouren waren Harrer in den Alpen bereits gelungen, darunter einige Erstbesteigungen, als er sich die Besteigung der 2.000 Meter hohen Eiger-Nordwand vornahm. 1936 war er österreichischer Olympiateilnehmer, 1937 studentischer Weltmeister im Abfahrtslauf gewesen.

Am 9. Juli 1938 legte Harrer die letzte Prüfung des Staatsexamens ab, und noch am Mittag des gleichen Tages schwang er sich auf sein schwer bepacktes Motorrad und fuhr nach Grindelwald in der Schweiz[5].

Hier, im Berner Oberland, nördlich des Brienzer Sees, wo Eiger (3.970 Meter), Mönch (4.099 Meter), Jungfrau (4.158 Meter), mit Aletschgletscher und Finsteraarhorn (4.274 Meter), wie jede gute Karte heute zeigt, durch Firnfelder und Gletscher verbunden sind, beobachtete er mit Freund Fritz Kasparek vorsichtig und ohne Zeitdruck zunächst einmal den Rhythmus der Gletscher und der Steinschläge. Den Geomorphologen der Zeit waren diese Erscheinungen durch die Lehrgänge Richard Finsterwalders (1899–1963) und seine terrestrischphotogrammetrischen Aufnahmen zwar keine bloße Theorie mehr, dennoch kannten die Bergsteiger das lebhafte „prozessuale Geschehen" der Hochgebirgswelt am besten. Schnelle Bewegungsabläufe, herniedersausende Gletscherabbrüche und Steinschläge, größere und kleinere Lawinen waren nicht nur an der Eiger-Nordwand gefährlich, sie hatten z. B. auch am Nanga Parbat schon bewährten Bergsteigern das Leben gekostet. Erst 1937 war dort die gesamte deutsche Bergmannschaft mit Dr. Karl Wien im muldenartigen Nachtlager von einer Lawine im Schlaf zugedeckt worden. Eine deutsche Hilfsexpedition hatte die Toten, die ausnahmslos nicht das geringste bemerkt oder auch nur geahnt hatten, mühsam ausgegraben: Sie wirkten friedlich und harmonisch und vermittelten den Eindruck, als brauche man sie nur aufzuwekken, und alles sei dann wieder in Ordnung. Die Zifferblätter der Armbanduhren verzeichneten die Todessekunde, und die Uhren liefen sogar weiter, nachdem der Federdruck wieder wirksam werden konnte ... Überlebt hatten nur der schon damals international bekannte Bonner Professor der Geographie Carl Troll (1899–1975) und der Expeditionsarzt. Troll hatte als Leiter der wissenschaftlichen Abteilung an einem Pflanzenprofil vom Nanga Parbat bis zur tibetischen Grenze gearbeitet, als seine Kameraden den Tod fanden.

Ruhig, mit bewußter Gelassenheit spähten Harrer und sein Freund daher den Zustand der Eiger-Nordwand aus. Als größte Schwierigkeit erschien ihnen „die Weiße Spinne", ein Schneefleck inmitten der Wand. Betrachtete man ihn mit dem Fernglas genauer, so wirkte er wie eine riesige Spinne, die ihre Beine nach allen Seiten ausstreckt. Die von oben kommenden Linien kanalisierten wie kleine Gassen gefährlichen Steinschlag und Gletscherabbrüche. Um in Übung zu bleiben und nicht nur zu beobachten, besteigen die beiden Freunde zunächst einmal den Mönch.

Am 21. Juni 1938, um 2 Uhr morgens, begannen sie dann den Aufstieg zur Eiger-Nordwand. Bald stießen sie auf andere Kameraden und bildeten schließlich mit Anderl Heckmair und dem „Biwakkönig" Wiggerl Vörg eine Seilschaft, es ließe sich auch sagen: eine Notgemeinschaft auf Biegen und Brechen. Hervorragend geführt von Heckmair oder Kasparek gelang ihnen alles. Dabei mußte Harrer die leider nicht mitgenommenen Steigeisen durch größere Gewandtheit und Anstrengung ersetzen. Er hatte den Fehler bald bemerkt, vertraute aber dennoch auf seine Kraft. Keiner von ihnen zweifelte am Erfolg. Sie mußten gefährliche Eisfelder und mit dünnem, festsitzendem Eis glasierte Felsen überwinden. Zweimal mußten sie an der Steilwand biwakieren. Von eingeschlagenen Haken gesichert, schliefen sie im Stehen. Der gelassene, für den Erfolg unentbehrliche Wiggerl Vörg zog zur „Nachtruhe" sogar die Bergstiefel aus und „Filzpantoffeln" an und kochte am Morgen erfrischenden Kaffee. Wie erwartet, kam in der „Weißen Spinne" die größte Bewährungsprobe. Mühsam in der fast lotrechten Wand stehend, ahnten sie alle aus unüberhörbaren akustischen Signalen eine sich ankündigende Lawine. Alle vier trieben dann schnell Haken ein und sicherten sich; oft gelang es nur teilweise. Harrer, der zuletzt ging, rechnete mit dem Absturz des über ihm stehenden Fritz Kasparek. So eng wie möglich an die Wand gepreßt, um sich von der Lawine nicht von ihr trennen zu lassen, hielt er seinen Rucksack hoch und leitete Eis und Geröll über sich hinweg. Alle vier hatten es schließlich geschafft. Sie hatten lotrechte Wände mit dachziegelartiger Anordnung des Gesteins, schwierige Gänge, ja zwei Abstürze gemeinsam überstanden.

In keinem Lehrbuch der Geomorphologie waren Steinschläge und Gletscherabbrüche geschildert, wie sie sich damals vor den Augen der Seilschaft vollzogen. In dem nüchternen, jede Übertreibung meidenden Bericht Harrers lesen wir: „Die Wand schießt Sperrfeuer ... und der Fels ist vom Steinschlag glattgescheuert, mit Schnee, Eis, Schutt und Sand paniert ... Der Eisschlauch macht seinem Namen Ehre. Der Fels ist dick mit Eis gepanzert ... Unter der gefrorenen Schicht zwischen Eis und Fels schießt das Wasser herab ... Der helle schöne Nachmittag läßt auch die Sonne schräg in den oberen Wandteil scheinen. Dort warten die ‚Eiszäpflein, die sich schneuzen'. Dort lösen sich die Lawinen, dort folgen die vom Eis befreiten Steine dem Gesetz der Schwerkraft. Und weiter östlich – man muß ja die Wand hunderte Meter weit auf den Eisfeldern schräg aufwärts queren – kommen die Schneerutsche, Steinschläge und Wasserfälle aus der Spinne in senkrechtem, ungehemmtem Fall ..."[6]
Ein prozessual-geomorphologischer Anschauungsunterricht, den uns ein geschulter Geomorphologe vermittelt hat. Wie folgenreich hätte er schon damals für eine messende Geographie im Sinne Alexander v. Humboldts werden können – für eine Theorie, die gegenwärtiges Geschehen zur Erklärung der Vergangenheit heranzieht. Doch die Geomorphologen kannten damals außer dem Geologenhammer kaum ein Instrument. Das Auge war ihr alleiniges Beobachtungsorgan.

Doch kehren wir zu den vier Bergsteigern zurück: Ihr eiserner Wille und ihre Vorbereitungen bewährten sich, sie schafften es, sie meisterten die Wand. Am 24. Juli 1938, 15.30 Uhr wurden sie von jubelnden Menschen empfangen. Sie selbst waren fast verstummt. Der Übergang von der bewußten Konzentration zur völligen Entspannung wollte kaum gelingen.

Wie die amerikanische Reise den Lebenserfolg Humboldts sicherte, so bestimmte auch diese durchaus nicht nur sportliche Tat den weiteren Weg Heinrich Harrers. Sein Name wurde bekannt, und selbstverständlich griff auch das NS-System nach den vier jungen Männern. Leni Riefenstahl gewann Harrer für einen Skifilm.

Die Jahre in Tibet (1944–1951)

Schon 1939 kam die ersehnte Aufforderung zur Teilnahme an einer Nanga-Parbat-Expedition. Heinrich Harrer brach daraufhin einfach den Filmkontrakt – überraschenderweise völlig folgenlos. Während Heli Lantschner an seine Stelle trat, fuhr er mit Peter Aufschnaiter, dem Expeditionsleiter, Lutz Chicken und Hans Lobenhoffer auf einem Frachter nach Indien. Auf dem Landweg erreichte man von Karatschi aus den „deutschen Schicksalsberg" und erkundete erfolgreich eine neue Aufstiegsroute im Diamir-Gebiet. Ende August 1939 war der Auftrag erfüllt.

Wenige Tage später führte der Ausbruch des Zweiten Weltkrieges zur Festnahme der deutschen Bergsteiger, die jahrelang in einem Gefangenenlager in Dehradun am Fuß des Himalaja der Freiheit entgegenharrten. Harrer lernte damals „ein wenig Hindostani, Tibetisch und Japanisch“[7]. Er dachte an eine Flucht quer durch Asien zu den japanischen Fronten in Burma oder China. Nach vier vergeblichen Ausbruchsversuchen gelang im April 1944 endlich der fünfte.

Peter Aufschnaiter und er erreichten nach unendlichen Mühen Tibet, allerdings nur dessen nördlichste Randzone. Die lang entwickelte und höchst erfolgreiche tibetische Verzögerungsstrategie, der Schutzmantel einer alten Kultur, die auf Erhaltung ihrer selbst bedacht sein mußte, zermürbte auch sie. Ihre emsigen Literaturstudien ließen sie die tibetischen Räuber, die schon vielen Reisenden zum Schicksal geworden waren, ernst nehmen. Sie taten das einzig Richtige, indem sie flohen, vom vorgenommenen Weg abwichen und dann auf einer neuen Route wieder vorstießen. Ihre Mittel schwanden. Andererseits war Geld auch hier unentbehrlich. Dennoch gelang schließlich nach zwei Jahren dauernden Herumreisens die Täuschung eines Beamten. Aufschnaiter und Harrer trafen im Januar 1946 als friedliche Reisende in der geheimnisvollen Hauptstadt Lhasa ein, die Sven Hedin, Albert Tafel und Wilhelm Filchner nie hatten betreten dürfen. Als erste gebildete europäische Reisende waren dort die Jesuiten Johann Grueber und Albert Dorville auf ihrem Weg von China nach Indien erschienen: Am 8. Oktober 1661 waren sie in Lhasa angekommen, um es nach einem Monat wieder zu verlassen. Grueber hatte damals den Potala gezeichnet – bis 1904 (!) die einzige bildliche Darstellung des Palastes des Dalai Lama[8], über die man in Europa verfügte.

Harrer lernte die Eigenheiten eines theokratischen Staates kennen, seine besondere Fröhlichkeit, seine Gastfreundschaft, seine Religiosität. Der Dalai Lama beobachtete ihn zunächst vom Dach des Potala aus mit dem Fernglas und zog ihn dann nach und nach in seine Nähe. Erstmals wurde ein Europäer der enge Freund des streng abgeschirmten Mannes. Vier Jahre lang konnte Harrer die verschlossene Hauptstadt in aller Ruhe studieren, zeichnen, fotografieren, filmen und erleben. Dennoch waren die Tage bereits von der Wehmut des Abschieds geprägt, denn das neue China Maos drängte bald heftig nach Tibet hinein. Nur das disziplinierte Zusammenstehen des tibetischen Volkes rettete den Dalai Lama und ermöglichte ihm 1951 mit Harrer die Flucht.

Das Buch „Sieben Jahre in Tibet“ (Frankfurt a. M., Berlin und Wien 1952) machte Harrer mit einem Schlag berühmt. Die Vielfalt der Beobachtungen und Erlebnisse faszinierte die Menschen – nicht nur in Deutschland. *Mitten im 20. Jahrhundert erhielten wir einen klassischen Reisebericht.* Den roten Faden bildet die Route: der dramaturgisch meisterhafte Aufbau macht sich die alte Verzögerungstaktik geschickt zunutze und sorgt stets für Spannung, weil er Zug um Zug die Perspektive erweitert und zu neuen Einsichten verhilft. Wie eine Befreiung wirkt der zunächst bescheidene Einzug nach Lhasa, wo sich die Ereignisse bis zur Flucht mit dem Dalai Lama dramatisch steigern.

Harrers gründliche Schilderung Tibets und vor allem seiner Hauptstadt kurz vor dem Augenblick ihres Untergangs schuf eine wichtige, unentbehrliche Grundlage für die Beurteilung der weiteren Entwicklung. Erst im Vergleich wird das Ausmaß der nachfolgenden Verheerungen deutlich. Die Bilanz ist erschütternd: 90% der Klöster und die gesamte alte Kulturlandschaft wurden ausgelöscht. „Kein Volk und kein Land sind im 20. Jahrhundert so malträtiert worden wie Tibet!“[9] stellte Harrer fest. Dabei blieb die Vernichtung dieser theokratischen Kultur Ideologen vorbehalten, welche die letzten Paradiese unseres Planeten beseitigen wollen, um ein großes „Paradies“ für alle zu schaffen.

Auch in seinem Bericht „Ladakh – Götter und Menschen hinterm Himalaja“ (Innsbruck 1978) schafft sich Harrer zunächst eine Vergleichsbasis. Er greift auf Berichte früherer Reisender zurück, von den Brüdern Schlagintweit bis zu Sven Hedin, um dann den Bogen zu der von ihm selbst erlebten Gegenwart zu spannen. Wohlgemerkt: Es handelt sich um kein zufälliges, sondern um ein bewußtes Nebeneinander älterer und neuerer Zustände, um eine mit viel historisch-geographischem Geschick inszenierte Zusammenschau. In ihr liegt der Reiz dieser klaren, ausgezeichnet illustrierten Darstellung, die auf eine ganz bestimmte Erkenntnismethode zurückzuführen ist, nämlich in die des geographischen Vergleichs.

Im Westen Neuguineas – Die schwierigste Expedition (1962)

Harrer war nach seiner Heimkehr im Sommer 1952 immer wieder unterwegs. Damals lernte er, kurz vor dessen Tod, den 87jährigen Sven Hedin persönlich kennen, mit dem er so manchen Brief gewechselt und bei dem er hohe Anerkennung gefunden hatte. Reisen führten Harrer in die Anden und zum Amazonas (1953), nach Grönland und Alaska (drei Erstbesteigungen 1955), in den Kongo und zum Ruwenzori (1975), nach Hawaii und Tahiti (1961).
1962 folgte seine schwierigste Expedition in das westliche Neuguinea. Hier gelangen Harrer 30 Erstbesteigungen, unter ihnen die Carstensz-Pyramide (5.030 Meter), die als höchster Berg zwischen „Alter" und „Neuer" Welt gilt. Harrer lebte eng mit Papuas zusammen, lernte sie schätzen und manchmal fürchten. Er beobachtete erhebliche Gletscherrückgänge, erreichte das Herkunftsgebiet, das heißt die bisher nie von einem Weißen betretene „Quelle der Steinäxte". Mit der Befahrung des Baliem-Flusses vollendete er die Durchquerung der Insel: in einem unbekannten Land eine enorme Leistung. Dabei hatte Harrer mehr als 500 Kilometer mit noch nicht ausgeheilten Rippenbrüchen zurückzulegen. Beim Anmarsch zur „Quelle der Steinäxte" hatte er die Festigkeit eines Schotterkegels überschätzt. Er war auf das in Wirklichkeit leicht bewegliche Gebilde gesprungen und in einen Wasserfall abgestürzt. Papuas vom Stamm der Dani hatten ihn zurückgetragen. Mit eisernem Willen hatte er sein Bewußtsein vor dem Versinken ins Nichts bewahrt. Kaum genesen, machte er sich wieder auf den Weg. Gerade die Bewegung, so schmerzensreich sie auch war, dürfte ihn vor Folgeschäden bewahrt haben.
1974/75 besuchte er die Reststämme auf den Andamanen, die Jarawa, die Onge und die Sentinelesen, welch letztere er immerhin aus sicherem Abstand wenigstens beobachten konnte.

Huka-Huka – Am Rio Xingu (1966)

Als Heinrich Harrer am Rio Xingu, einem rechten Nebenfluß des Amazonas – jener „hydrographischen Riesengestalt", wie Carl Ritter sagte – Indianer aufsuchte und bei ihnen lebte, gelang ihm eine wesentliche Korrektur des Bildes, das man sich landläufig von den brasilianischen Indianern machte. Die Werke Carl Philipp Friedrich v. Martius und des Prinzen Max zu Wied zeigten sie als häßliche, unmenschliche Wesen ohne jeglichen Reiz, völlig zu Unrecht, wie meine Schüler und ich schließlich herausfanden! Jahrelang hatten wir an der Universität Bonn die unveröffentlichten handschriftlichen Memoiren Wilhelm Ludwig v. Eschweges (1777–1855), des maßgebenden Brasilienforschers, ausgewertet. Dabei waren wir auf einen faszinierenden Bericht gestoßen, der den historischen Hintergrund etwas ausleuchtet. Auf einer seiner Reisen hatte v. Eschwege erlebt, wie Indianer, die damals schon merkten, daß ihnen der Lebensfaden abgeschnitten werden sollte, Weiße angriffen. So mußte er sich an einer Indianerjagd beteiligen, obgleich er es gar nicht wollte. Man folgte sicheren Spuren und umstellte bald ein kleines Lager. Ludwig v. Eschwege gab keinen Schuß ab, beteiligte sich in keiner Weise, mußte aber mit ansehen, wie man die völlig Überraschten zusammenschoß. Ein riesiger Indianer ergriff einen Weißen an der Hand und schwang ihn als Kugelfang auf seinen Rücken. Doch hatte er nicht an das Jagdmesser des von ihm Davongetragenen gedacht. Der Weiße konnte es herausziehen und den Indianer töten. In einer Mulde hatte sich eine Indianerin über ein kleines Kind gekauert, um es zu schützen. Beide starben im Lebensraum der Weißen. Und tatsächlich hat die systematische Ausrottung bis heute kein Ende gefunden.

Heinrich Harrer läßt in seinem „Huka-Huka"-Bericht (Frankfurt a. M., Berlin und Wien 1968) seine Leser an der Stammeswelt der Xingu-Indianer teilhaben, und seine Schilderung bringt uns Leben und Probleme der Eingeborenen näher. Da erscheinen uns Menschen, die wir nicht verstanden, die wir nicht gewürdigt haben, plötzlich als liebenswert. Nicht zuletzt auch in den mustergültigen Fotografien erkennen wir Indianer – Männer, Frauen und Kinder – deren körperliche Wohlgestalt auch die klassischen Bildhauer Griechenlands erfreut hätte.

Keine Menschen, keine Landschaft, die uns nicht doch noch verständlich, nähergerückt und eben liebenswert werden könnte, wenn sich eine Persönlichkeit wie Heinrich Harrer ihrer annimmt. Er hat dies nicht nur für die brasilianischen Indianer geleistet, und er hat in seinem Lebenswerk mehr als dieses getan. In seinem Sinn ist Tierschutz Pflicht, ebenso aber auch Menschenschutz. Die bis heute immer wieder versuchte Vernichtung bzw. die gar ungehemmt von sich gehende Auslöschung bedrohter Stämme muß aufhören. Daß Heinrich Harrer viel für die Erhaltung ihrer materiellen und geistigen Kultur getan hat, belegen seine Sammlungen, die wissenschaftliche Anerkennung gefunden haben. *Er ist einer der letzten großen Sammler für die Völkerkunde geworden.*

Entdecker und Forschungsreisender

Heinrich Harrer hat Landschaften und Menschen gesucht, gefunden und dargestellt. Am wichtigsten sind ihm die Menschen geworden, auf die er in fernen Landschaften traf.

Er begann als Geographie- und Sportstudent. Seine frühen Erstbesteigungen in den Alpen, seine sportlichen Erfolge und vor allem die Bezwingung der Eiger-Nordwand im Juli 1938 wiesen auf ihn hin. Als studierter Geograph machte er aus diesem gewiß vorwiegend, aber keineswegs allein sportlichen Ereignis der Erstdurchsteigung der Eiger-Nordwand – wenn auch noch in engem Bereich – ein wissenschaftliches Ereignis. Den Geomorphologen möchte ich sehen, dem der gründlich durchgearbeitete und zudem spannend geschriebene Text „Die Weiße Spinne" nicht Belehrung böte über eine selten betretene Hochgebirgswelt. Ein ausschließlich sportliches Ereignis wäre diese Tat geblieben, wenn Harrers großartiger Bericht nicht alles über das durchschnittliche Maß hinausgehoben hätte und wenn die anderen Reisen nicht gefolgt wären. Die Eiger-Nordwand war das erste Glied in der Kette – und insofern ist sie eine Leistung, die reisegeschichtlich gewürdigt werden will. Hier wurde nämlich die Notwendigkeit körperlicher Durchbildung im Sinne eines Leistungssportes klar, der die nun folgenden Expeditionen erst möglich machte. Die Eiger-Nordwand konnte nicht allein mit Willenskraft, sondern nur mit modernster alpinistischer Schulung bezwungen werden. Die zweijährige Flucht nach Tibet und die Härte Neuguineas konnten nur ertragen werden, weil der Körper (noch) mitmachte, weil er trainiert war. „Die Weiße Spinne" erweist die geistige Bestimmung des Ganzen. Jene von Werner S. Nicklis beschworene Askese, jene Philosophie der Enthaltsamkeit, hier ist sie schon verwirklicht worden.

Alle Unternehmungen Harrers, von der Eiger-Nordwand angefangen, waren sorgsam vorbereitet. Die völkerkundlichen Sammlungen, die Reisewerke, die vorzüglichen Bilddokumente, der wiederholte Besuch einzelner Landschaften, das Aufnehmen von Karten, das Höhenmessen, das eigene Zeichnen, das Hinüberretten der Erfahrungen und Erlebnisse in den Bericht – all dies bestätigt Harrer als einen der letzten wirklich bedeutenden Landreisenden der Geschichte. All dies sprach aber auch für die Richtigkeit des Satzes, daß die Erde immer noch verborgene Winkel kannte.

Als Forschungsreisender hat Harrer die Geographie und die Völkerkunde entschieden bereichert. Gewiß hat er auch das Abenteuer nicht verachtet, doch war er nie Abenteurer in dem Sinn, wie viele, die nicht tief sahen und die Zusammenhänge nur teilweise verstanden. Harrer war nie leichtsinnig und wägte erst, ehe er wagte. Mit dieser Gesinnung hat er seine Unternehmungen mutig ausgeführt, weil er das Ausmaß seiner körperlichen Kraft und Gewandtheit nie überschätzte. Leichtsinn hat er wie alle wahrhaft Mutigen offen verachtet.

Wo wir in der Geschichte der Reisen nur die Stufe der Vorbereitung und Ausführung nachweisen können, bleibt alles ein Haus ohne Dach. Wer nicht berichtete, konnte wie Giovanni Cabotto, der Erstentdecker Nordamerikas 1497, (immer noch) als großer Entdecker, aber seit dem 17. Jahrhundert, seit dem Hervortreten eines neuen Typus, nun nicht mehr als großer Forschungsreisender bezeichnet werden. Gustav Nachtigal hat nur einen, allerdings sehr bedeutenden Reisebericht hinterlassen. Gottfried Benn hat 1951 in einem heute noch bewegenden Vortrag gemeint, ein Lyriker habe schon viel erreicht, wenn nur eines oder zwei seiner Gedichte blieben. *Es will daher viel besagen, daß wir Heinrich Harrer im dritten Abschnitt der Geschichte der Reisen vier Werke von echter Klassizität verdanken:* „Die Weiße Spinne", „Sieben Jahre in Tibet", „Huka-Huka" und „Ich komme aus der Steinzeit". Dabei ist die Schwierigkeit, heute ein bedeutender Forschungsreisender zu werden, weit größer als früher, und Harrer ist sogar noch Entdecker gewesen. Die genannten Berichte dokumentieren seine Bedeutung auch für die Zukunft. Dabei ist ein Werk, nämlich „Huka-Huka", sogar eines jener seltenen Zeugnisse einer fast dichterischen Behandlung der Wirklichkeit, wie es einst z. B. Jacques Henri Bernardin de Saint Pierre mit „Paul et Virginie" (1787), A. v. Humboldts Lieblingswerk, gelungen war[10]. Es wäre zu wünschen, daß Harrers Buch einer noch weit größeren Öffentlichkeit, vor allem auch den Pädagogen bekannt würde.

Heinrich Harrer gehört zu den Forschungsreisenden, die wir nicht vergessen werden:

– Sagen wir Llanos, Tropischer Regenwald, Casiquiare, Rio Magdalena, Chimborazo und Pic von Orizaba, so meinen wir Alexander v. Humboldt.

– Sagen wir Persien, Taklamakan, Tarim, Lop-nor und Transhimalaya, so meinen wir Sven Hedin.

– Sagen wir Eiger-Nordwand, Tibet, Dalai Lama, Neuguinea, Andamanen und Huka-Huka, so meinen wir Heinrich Harrer.

Anmerkungen

1 Den Weg Heinrich Harrers habe ich als Begründer einer von der Geographie herkommenden Geschichte der Reisen seit vielen Jahren verfolgt. Auch brieflich hat mir der große Reisende mehrfach wesentliche Auskünfte gegeben. Am 12. Mai 1985 habe ich während der 42. Akademie-Sitzung der Humboldt-Gesellschaft im Auditorium Maximum der Technischen Universität Braunschweig in einer Laudatio die Verleihung der Goldenen Medaille an ihn ausführlich begründet. Von dieser freien Rede habe ich aufgrund einer Tonband-Aufzeichnung Frau Christa Gehrigs (Humboldt-Gesellschaft) einige Anregungen für diesen Beitrag übernommen.

2 Die Geschichte der Reisen (neutraler Ausdruck, der Entdeckungs- und Forschungsreisen umschließt) behandle ich in drei großen Abschnitten: 1. Die frühe Entwicklung von den ersten Anfängen bis ca. 1100; 2. Das Zeitalter der großen Entdeckungen im Raum von ca. 1100 bis 1920; 3. Das Ausfransen der Geschichte der Reisen ab 1920.

3 Carina Harrer: Heinrich Harrer. Alle Träume des Lebens beginnen in der Jugend, S. 8, 29.

4 In Blaubänderung des Gletschereises vgl. Herbert Louis: Allgemeine Geomorphologie. Berlin 1968. „Die starke Verstellung, Verfaltung und Zerstückelung der ursprünglichen Firnschichten (im Zungengebiet des Gletschers) ist aus dem Mechanismus der Eisbewegung unter einem die Starrheitsgrenze überschreitenden Druck, in

einem unebenen Felsbett bei vielfältigem Aufreißen und Wiederverheilen von Spalten und Scherflächen sehr verständlich." So entsteht die Blaublätterung oder Blaubänderung besonders im Zungengebiet, in dem Lagen von bläulichem, blasenarmem und weißem, blasenreichem Eis wechseln (S. 248).

[5] Heinrich Harrer: Die Weiße Spinne. Die Geschichte der Eiger-Nordwand. Wien 1957, S. 96.

[6] Heinrich Harrer: Die Weiße Spinne a. a. O. S. 102–107.

[7] Heinrich Harrer: Sieben Jahre in Tibet. Mein Leben am Hofe des Dalai Lama. Frankfurt a. M., Berlin u. Wien 1952, S. 13. – Die schließlich fließende Beherrschung der tibetischen Sprache gehört zu den großen Leistungen Harrers. Welche Defizite hier oft klaffen, wurde mir bewußt, als ein bekannter Tibetologe in meiner Gegenwart sich nicht mit zwei durchaus gebildeten Tibeterinnen unterhalten konnte.

[8] Hierzu die ausgezeichneten Darstellungen meiner Schüler und Freunde: Wolf-Dieter Grün (Ed.), George Bogle: Im Lande der lebenden Buddhas. Entdeckungsreise in das verschlossene Tibet 1774–1775. Mit einem Beitrag von Sven Hedin, Stuttgart 1984, hier: die Einführung des Herausgebers S. 7–29, die erwähnte Zeichnung des Potala von Johannes Grueber S. 228 f.; Dietmar Henze: Enzyklopädie der Entdecker und Erforscher der Erde. Graz 1975 ff. In meinem Braunschweiger Vortrag (s. Anm. 1) war ich breit auch auf die Erforschungsgeschichte der von Harrer bereisten Gebiete eingegangen. Die beste Unterrichtung darüber findet der Leser im genannten Werk Dietmar Henzes, eines der erstaunlichsten Bücher der gegenwärtigen Weltliteratur.

[9] Heinrich Harrer in seinem Braunschweiger Vortrag nach der Verleihung der Goldenen Medaille der Humboldt-Gesellschaft am 12. Mai 1985.

[10] Der erste, der meines Wissens den großen Wert von Harrers Buch „Huka-Huka" erkannte, ist der bedeutende Schweizer Geograph Prof. Emil Egli gewesen. Sein Urteil wirkt um so begründeter, weil er selbst Amazonas-Kenner ist; siehe seine inhaltreiche Besprechung in der Bücherzeitschrift Domino, Nr. 80, 1968.

H. B.

„Kein Vogel steigt zu hoch empor, der sich auf eigenen Schwingen erhebt."
William Blake

Meine Forschungsreisen

Heinrich Harrer

Es begann mit dem Blick auf die fernen Julischen Alpen. Sie sind das Grenzgebirge meiner Kärntner Heimat gegen Jugoslawien und Italien, und an klaren Herbsttagen konnte ich ihre Gipfel mit bloßem Auge erkennen. Ich ahnte ihre Höhe, die Sonne über den Schneefeldern und das Gefühl von Glück und Freiheit, das man auf dem Weg zum Gipfel verspüren würde. Oben in den Bergen, aber auch in der Weite afrikanischer Steppen und in der Einsamkeit asiatischer Dschungel wollte ich das erleben, was ich in den Büchern meiner großen Vorbilder seit frühester Kindheit gelesen hatte. Alexander von Humboldt, Karl von den Steinen, Alfred Wegener und Sven Hedin und natürlich die englischen Forscher waren meine Idole, denen nachzueifern mir Sinn und Ziel meines Lebens wurde.

Alle Träume des Lebens, so glaube ich, beginnen in der Jugend, und der Satz eines englischen Forschers: „... have a plan and stick to it ...", wurde unbewußt das Leitmotiv meines Lebens. Aber ich hatte aus diesen Expeditionsberichten noch etwas anderes gelernt: Es genügt nicht nur der Traum, nicht nur die Idee, man muß alles gründlich vorbereiten und organisch aufbauen, Stufe für Stufe, ohne eine einzige auszulassen. Für mich bedeutete das eine gute Schulausbildung und anschließend ein Studium. Ich wählte Sport, Geographie und Ethnologie. Jede freie Minute, sei es in den Semesterferien oder nur an einem Wochenende, verbrachte ich in den Bergen mit Schilaufen und Klettern. Bald hatte ich mehr als 600 Bergtouren gemacht, darunter eine Anzahl von Erstbesteigungen, vor allem in den Dolomiten, die mir das Vertrauen gaben, den ersten großen Schritt zu wagen. Ich fühlte mich stark genug und so im Vollbesitz meiner Kräfte, daß ich zusammen mit meinem Freund Fritz Kasparek beschloß, die berüchtigte Eiger-Nordwand zu versuchen. Aus der Zweier- wurde jedoch eine Viererschaft, denn zur gleichen Zeit hatten die beiden hervorragenden Bergsteiger Anderl Heckmair und Wiggerl Vörg den gleichen Plan.

Am 24. Juli 1938, um 15.30 Uhr, waren wir die ersten Menschen, die die Nordwand des Eiger durchstiegen hatten. Freude? Erlösung? Taumel des Triumphes? Nichts von alledem empfanden wir. Die Befreiung kam zu plötzlich. Unsere Sinne und Nerven waren zu abgestumpft, unsere Körper nach drei Biwaks zu müde, um einen Gefühlsrausch zu gestatten. Nie hatten wir am guten Ausgang des Unternehmens gezweifelt, aber der Weg war schwer gewesen.

Der Eiger hat vor und nach unserer Erstbesteigung viele Opfer gefordert. Manche wären zu vermeiden gewesen, wenn sich die Kletterer besser vorbereitet oder darauf verzichtet hätten, durch die Besteigung Ruhm zu ernten. Aber abgesehen von diesen Ausnahmen werde ich das Abenteuer dieser Wand immer verteidigen, froh über eine Jugend, die in einer Zeit der Vermassung noch das Außergewöhnliche und Schwierige wagt. Das Erlebnis der Selbstbestätigung – das ist eigentlich eine überhebliche Bezeichnung für ein gesundes, ehrliches Empfinden – steht nämlich im Widerspruch zu dem sachlichen Rechenschaftsbericht, den man vor sich selbst ablegt. Selbstbestätigung war bestimmt nicht die Triebfeder unseres Unternehmens und vieler anderer Bergsteiger. Das haben nur die unverbesserlichen Komplexdeuter erfunden, weil

ihnen nichts Besseres einfällt, um Unerklärliches zu erklären. Nietzsche hat einmal gesagt: „. . . einige Stunden Bergsteigens machen aus einem Schuft und einem Heiligen zwei ziemlich gleiche Geschöpfe. Die Ermüdung ist der kürzeste Weg zur Gleichheit und Brüderlichkeit.“ Sachlich, unpathetisch und wahr.
Obwohl ich später noch viele Berge auf anderen Kontinenten kennenlernte, ist der Eiger für mich das größte bergsteigerische Erlebnis geblieben. Sicherlich gab diese Erstbesteigung auch den Ausschlag dafür, daß ich 1939 zur deutschen Nanga-Parbat-Expedition eingeladen wurde. Aber ich konnte nicht ahnen, daß ich in der Folge in Indien interniert werden sollte, daß ich aus dem Gefangenenlager ausbrechen und nach jahrelanger Flucht Tibet und Lhasa erreichen würde.
Ich habe diese Besteigung bewußt an den Anfang meines ereignisreichen Lebens gesetzt, das durch sieben Jahre Tibet und die Freundschaft mit dem Dalai Lama seine Krönung fand. Mag man es Schicksal nennen. Ich neige eher zu der Ansicht, daß Schicksal mehr im Charakter und der Wesensart eines Menschen liegt und man vieles tun kann, um es zu gestalten.

Vom Vorgipfel, dem 4.462 Meter hohen Wusuwameso, konnte ich die Route auf den Ruwenzori studieren

AFRIKA

Expedition zum Ruwenzori, dem „Berg des Mondes“

Pygmäen und Berggorillas im Dschungel von Zaire

Die Turkana am Rudolfsee

Bei den Hadendoa in den nubischen Bergen

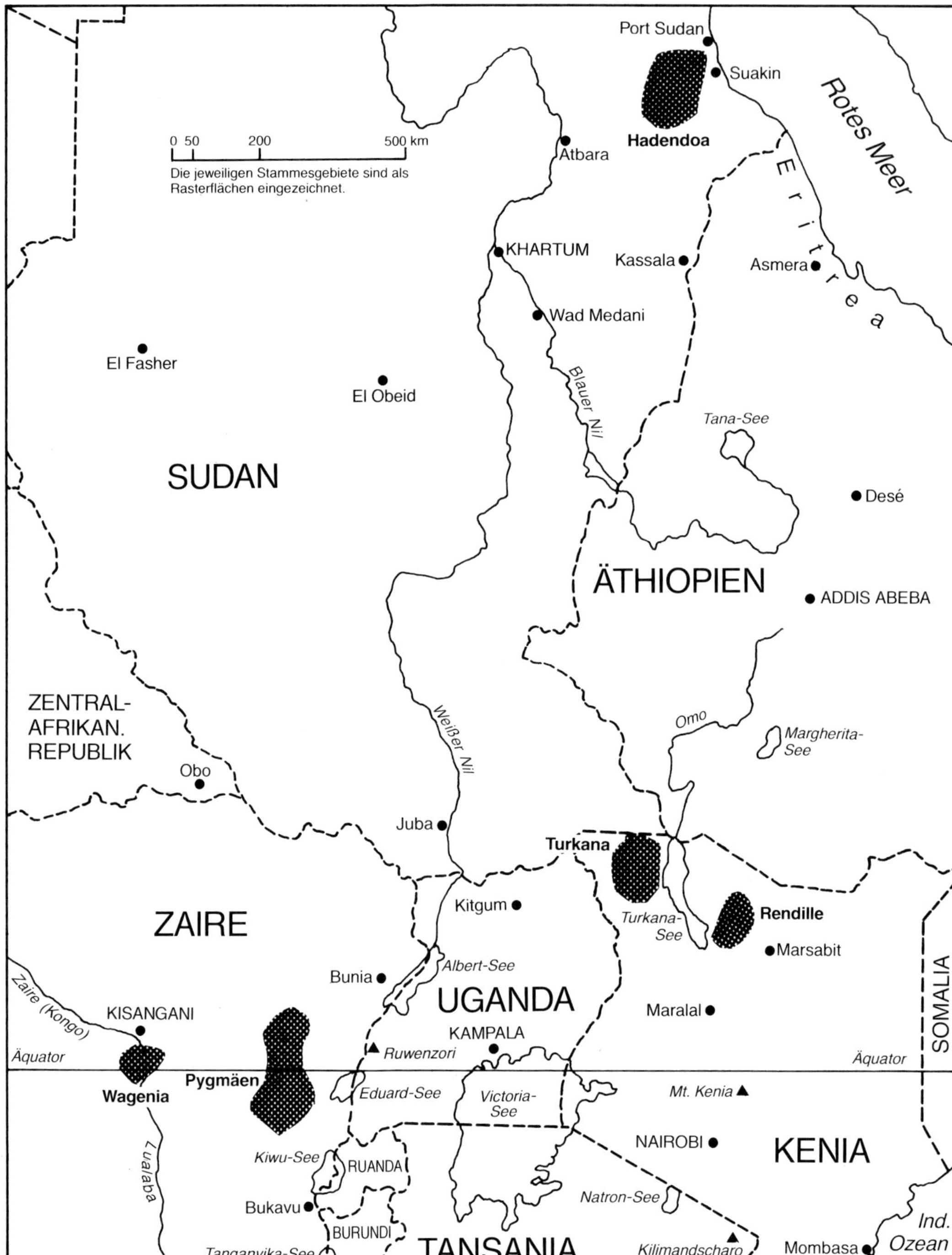
0 50 200 500 km
Die jeweiligen Stammesgebiete sind als Rasterflächen eingezeichnet.
Port Sudan
Suakin
Hadendoa
Atbara
Rotes Meer
Eritrea
KHARTUM
Kassala
Asmera
Wad Medani
El Fasher
El Obeid
Blauer Nil
Tana-See
SUDAN
Desé
ÄTHIOPIEN
ADDIS ABEBA
ZENTRAL-AFRIKAN. REPUBLIK
Obo
Weißer Nil
Omo
Margherita-See
Juba
Turkana
Kitgum
Turkana-See
Rendille
Marsabit
ZAIRE
Albert-See
Bunia
UGANDA
Maralal
SOMALIA
Zaire (Kongo)
KISANGANI
KAMPALA
Ruwenzori
Äquator
Wagenia
Pygmäen
Eduard-See
Victoria-See
Mt. Kenia
Lualaba
NAIROBI
KENIA
Kiwu-See
RUANDA
Bukavu
Natron-See
BURUNDI
Ind. Ozean
Tanganyika-See
TANSANIA
Kilimandscharo
Mombasa

„So weiß wie der Mond" nennen die Eingeborenen Afrikas ihren faszinierendsten Berg, den Ruwenzori. Der glänzende Schnee auf seinem Gipfel erschien ihnen wie das Licht des Vollmonds, und so gaben sie ihrem „Ruwenzururu" den Namen „Berg des Mondes".
Ich hatte meine Expedition zum Ruwenzori in Mombasa begonnen. Von Kenia durchquerten wir Tansania, Burundi, besuchten die mutigen Wagenia-Fischer an den Stromschnellen des Kongo und hielten uns mehrere Wochen bei den Pygmäen im Ituri-Urwald auf, bevor wir mitten im Herzen des afrikanischen Kontinents in die Höhen des Ruwenzori-Gebirges vordringen wollten.
Ewiges Eis am Äquator, auf diesem Kontinent, dessen Dschungel und trockene Wüsten bekannt waren! Das hatte die großen Entdecker Afrikas, Stanley und Livingstone, fasziniert und erstaunt. Wir wanderten auf ihren Spuren. Aber hatten sie damals mit den Schwierigkeiten der Natur zu kämpfen, so gab es für uns überall politische Hindernisse zu überwinden. Mit dem Vordringen der Zivilisation wurde es immer schwieriger, die Grenzen der vielen größeren und kleineren Staaten zu passieren. Die Zeiten, in denen Europäer ohne Paß auf dem afrikanischen Kontinent reisen konnten, gehören der Geschichte an.
In Mutwanga, unserer Ausgangsstation, 1.100 Meter hoch gelegen, war das Wetter schlecht. Es regnete wie so oft, und ich war froh darüber. Ich hatte auf anderen Expeditionen in dieser Gegend die Erfahrung gemacht, daß das Wetter in den Bergen, die am Äquator stehen, oft und schnell wechselt. Nun regnete es; die Wahrscheinlichkeit bestand also, daß es später schön sein würde.
Wir marschierten durch tropischen Regenwald, dessen Farnbäume bis zu neun Meter hoch sind und deren fächerartige Blätter das Blau des Himmels fast nicht durchblicken lassen. Der afrikanische Dschungel verbreitet Geheimnis und Mystik. Die Füße stolpern über glitschige Luftwurzeln, die den Weg wie ein lebendiges Gitter versperren. Man muß darüberklettern oder unter ihnen durchkriechen, ein mühsames Vorwärtsbewegen durch tiefen Schlamm in feuchter, immer dünner werdender Luft. Heidekraut, Lobelien und Senecien von nie gesehener Größe beleben die verschiedenen Seen. Der „Grüne See" in 4.000 Meter Höhe spiegelt in seinem Wasser eine Farbskala grüner Töne wider, wie ich sie nie mehr gesehen habe. Alles ist grün, vom tiefsten Moosgrün bis zum fahlen Grün der Bartflechten, die müde von den Bäumen herabwallen, verstrickt in Lianen, die ihre Arme nach allen Seiten ausstrecken. Ich fühlte mich wie verzaubert in dieser geheimnisvollen Umgebung, die an eine Wagner-Inszenierung erinnerte oder an die Gemälde von Hieronymus Bosch. Ich hätte mich nicht gewundert, einen Gnom oder einen Naturgeist aus dem Nebel, der alles sanft umhüllte, auftauchen zu sehen. Manchmal hörten wir die Stimmen der Träger, ohne sie zu sehen, dann ein Windstoß – alles war wieder klar und die Verzauberung vorbei. Ich habe dieses Gebirge zweimal bestiegen, und so befriedigend das Gefühl war, nach all den Strapazen die Gipfel erreicht zu haben, das größere Erlebnis war für mich, besonders am Ruwenzori, der Weg hinauf.
Der amerikanische Wissenschaftler Paul Azahl schrieb: „Gut gekleidet und sorgfältig untergebracht, könnte man die ständige Kälte, den Nebel, die Nässe und das dauernde Gurgeln irgendwelchen Wassers vielleicht überstehen. Aber das Schweigen, der Anblick einfacher Pflanzen und Büsche, die hier ins Riesenhafte vergrößert sind, der dumpfe Geruch von Pilzen und Moosen und das Wissen, daß im dichten Dschungelteppich Würmer hausen, die einen Meter lang werden können – das alles greift einem kalt ans Herz und treibt den Besucher von diesen außerirdischen Höhen zurück in die sonnige Behaglichkeit afrikanischer Steppen."
Diese Behaglichkeit afrikanischer Steppen erlebte ich bei den Turkana, nomadisierenden Viehzüchtern, die mit ihren Herden zwischen dem Rudolfsee, heute Turkana-See, und den Grenzen zum Su-

S. 20–23:
Auf dem Weg zum Ruwenzori: Gigantische Senecien und bis zu sechs Meter hohe Lobelien wachsen in 4.000 m Höhe am Ufer des „Grünen Sees". In seinem Wasser spiegelt sich eine Farbskala grüner Töne, wie ich sie sonst nirgendwo gesehen habe.
Gespenstisch und unwirklich erscheint die in Nebel gehüllte Landschaft durch meterlange Bartflechten, die an den Bäumen hängen

Am Ruwenzori entdeckte ich die merkwürdigsten Tiere, so bekam ich in 3.000 Meter Höhe dieses Chamäleon zu Gesicht

Das ist „Mushamuka“, er war das Oberhaupt der 31 Mitglieder starken Herde von Berggorillas, denen ich im Dschungel westlich des Kiwu-Sees begegnete

S. 28/29:
Unweit der Stadt Kisangani, auf einer schmalen Insel mitten im Lualaba-Fluß, lebt der Stamm der Wagenia. Ihr „Nahrungserwerb“ ist mühsam und lebensgefährlich: sie fangen Fische in Reusen, die an kunstvollen Konstruktionen aus Baumstämmen in den Stromschnellen des reißenden Flusses befestigt werden. Immer wieder verunglückt ein Fischer tödlich

Bei den Naturvölkern Zentralafrikas spielt die „Kosmetik“ eine große Rolle, auch Männer verwenden dafür viel Zeit. Ringe und Ketten sind Zeichen des Standes und haben magische Abwehrfunktion. Die Narbentätowierung (Bild rechts unten) ließ sich ein Turkana-Krieger gegen Bauchschmerzen anbringen. – Wenig Schmuck ist mir hingegen bei den Pygmäen (linke Seite oben und unten rechts) und den Hadendoa (linke Seite unten Mitte) aufgefallen

Bei diesem Krieger vom Stamm der Rendille wurden mehrere Stunden für die Haartracht und die Gesichtsbemalung aufgewendet

S. 34/35:
Die Turkana sind Nomaden, die mit ihren Herden zwischen dem Rudolfsee (Turkana-See) und den Grenzen zum Sudan und zu Uganda umherziehen. An der Nordspitze des Turkana-Sees stieß ich auf diese Gruppe, die aus dem Sudan gekommen war und gerade ihr „Manyatta“ aufgestellt hatte

Am Turkana-See, an der Stelle, wo der Omo-Fluß, aus Äthiopien kommend, am Nordende in den See mündet, schwimmt das Süßwasser des Flusses an der Oberfläche des salzhaltigen und somit schwereren Seewassers. Kilometerlang winden sich aus Schlamm gebildete Dämme in den See hinein

S. 36/37:
Nur weil es mir gelang, ihren Anführer von einer Augengonorrhöe zu kurieren, durfte ich die Hadendoa, ein wildes Volk aus den nubischen Bergen, fotografieren, wie hier bei diesem Scheingefecht. Als ich aber, nachdem ich tagelang kein weibliches Wesen zu Gesicht bekommen hatte, den Fehler machte, nach ihren Frauen zu fragen, wurden sie so böse, daß ich mich schnellstens verabschiedete

dan und zu Uganda umherziehen. Hier am Turkana-See filmte und fotografierte ich ein wahres geographisches Wunder. An der Stelle, wo der Omo-Fluß, aus Äthiopien kommend, am Nordende in den See mündet, schwimmt das Süßwasser des Flusses an der Oberfläche des salzhaltigen Seewassers. Kilometerlang winden sich Schlammablagerungen in den See hinein. Vom Flugzeug aus wirken diese fruchtbaren Dämme wie grüne Schlangen. Vögel aller Gattungen tummeln sich hier und finden reichlich Nahrung. Scharen von rosa Flamingos ergeben, wie sie auf dem satten Grün zu Hunderten auf ihren schlanken, langen Beinen stehen und einen bunten Farbklecks in der sonst braunen Landschaft bilden, ein bizarres Bild.

Die Turkana sind wie ihre Nachbarstämme, die Nuba, Karamajong, Samburu und Massai, großgewachsene, schlanke Menschen. Alle Männer tragen neben einem kleinen hölzernen Stuhl, der als Sitzgelegenheit und Kopfstütze beim Schlafen dient, einen langen Hirtenstab. Er dient ihnen als Schlagwaffe und unterstreicht ihr stolzes, hoheitsvolles Aussehen. Sie brauchen diese Waffe, denn wenn sie mit ihren Herden durch die Steppe ziehen, ist es keine Seltenheit, daß sie von wilden Tieren, etwa einem Leoparden, angegriffen werden. Schon sehr früh bei Sonnenaufgang sortieren sie ihre Tiere. Hunderte von Ziegen, Schafen, Kamelen und Eseln, manchmal auch Rinder, werden nicht nur nach Tierart, sondern auch nach Qualität und Rasse eingeteilt. Ich habe in Dörfern gelebt, wo eine Familie zwischen 800 und 1.000 Tiere besaß. Ich hörte hier eine alte überlieferte Turkana-Regel: „Je mehr Vieh, desto mehr Frauen. Je mehr Frauen, desto mehr Kinder. Je mehr Kinder, desto mehr Hirten, und je mehr Hirten, desto mehr Vieh!"

Eine große Rolle spielt bei diesen Völkern die Kosmetik. Unzählige Stunden verbringen sie mit dem sorgfältigen Bemalen ihrer Gesichter, und ich habe gesehen, wie sie mit den Fingernägeln die schönsten Ornamente in die Paste gezogen haben. Bei den Rendille in Kenia sah ich so einfallsreiche Muster, daß sie mich an eine moderne Graphik erinnerten. Dazu benützen sie farbige Erdarten, die zerrieben und mit meist ranzigem Fett vermischt werden. Diese warmen, rotbraunen Töne harmonieren wunderbar mit ihrer dunklen, vor Fett glänzenden Haut. Die kurzen Haare werden zu winzigen Zöpfen geflochten und in einem Bogen angeordnet oder eng wie eine glatte Kappe an den Hinterkopf mit Fett angeklebt. Als Krönung steckt man oft noch eine bunte Feder hinein. Der Phantasie und der Freude am Gestalten sind keine Grenzen gesetzt. Vor allem zu den Festlichkeiten schmücken und bemalen sich die Eingeborenen besonders schön.

Die Körperbemalung ist bei vielen Völkern Sitte und dient natürlich nicht nur der Schönheit. Abwehr gegen böse Geister und Dämonen erhoffen sie sich von diesen Gemälden und Schutz vor Krankheit. Dasselbe gilt auch für die Tätowierungen, die sie mit einem scharfen Rundmesser durchführen, das sie immer als Armband an sich tragen. Ohne eine Miene zu verziehen, lassen sich die jungen Leute vom Medizinmann die Ornamente in die mit einer Nadel hochgezogenen Hautfalten ritzen, doch wenn die vielen Schnittwunden dann mit Salz und Kräutersäften eingerieben werden, können sie sich oft nicht mehr beherrschen und verziehen vor Schmerz ihr Gesicht. Keineswegs geschieht dieses Einreiben, um die Wunden zu reinigen oder besser heilen zu lassen. Im Gegenteil, sie sollen langsam heilen und dicke Narben zurücklassen. Die Männer, und da wieder vor allem die jungen Krieger, ernähren sich von Blut und Milch. Besonders in der Trockenheit, wenn die Tiere nicht genug Milch geben, zapft man sie an, um das kostbare Blut zu gewinnen. Bei den Ziegen und Kamelen öffnen sie die Nasenvene, und bei den Rindern wird aus zwei Meter Entfernung ein kurzer Pfeil auf die Halsvene abgeschossen, die sie mit unglaublicher Sicherheit treffen. Kein Zweifel, daß die Männer Zentralafrikas dieser Ernährung mit Milch und Blut ihre

samtweiche, schimmernde Haut verdanken.
Lange habe ich bei den Turkana gelebt und ihr Leben studiert und auf vielen Seiten in meinen Tagebüchern über sie berichtet. Man nennt sie oft arrogant und hochmütig, aber wenn man sie näher kennenlernt, kann man ihre Unnahbarkeit durchbrechen und ihren Individualismus bewundern und schätzen lernen. Sie waren die letzten in Kenia, die sich der englischen Kolonialmacht gebeugt haben, und so bleibt die Hoffnung, daß sie noch eine Zeitlang als stolze, wehrhafte Nomaden mit ihren Herden durch die Steppe ziehen.
Ich liebe und achte den Stolz dieser Völker, die sich mit all ihren Kräften gegen Unterdrückung und die sogenannten Segnungen unserer Zivilisation wehren. Ein anderer Stamm, der in den nubischen Bergen lebt, hat diese Eigenschaft in besonderem Maße. Der Weg zu diesem Stamm war beschwerlich. Wir mußten die nubische Wüste durchqueren, die ein Teil der Sahara ist, das größte geschlossene Trockengebiet unserer Erde. In Khartum hatte man mich gewarnt, es sei sehr schwierig, mit diesem Stamm der Hadendoa, auch Fuzzi-Wuzzi genannt, Kontakt zu bekommen. Fotografieren und filmen sollte ich gar nicht erst versuchen. Im Osten Afrikas, am Roten Meer, leben über 500.000 dieser Halbnomaden, die ich, trotz aller gegenteiligen Ratschläge, unbedingt kennenlernen wollte. Aber wenn ich in all den vielen Jahren meiner Forschungsreisen immer alle warnenden Ratschläge befolgt hätte, wären einige meiner Bücher ungeschrieben geblieben.
Wir fuhren also durch die felsigen Berge, deren Gipfel bis zu 800 Meter erreichen, und die – abgesehen von einigen dürren breitästigen Dornenbäumen – völlig unbewaldet sind. In der Nähe des höchsten Punktes, etwa 600 Meter über dem Roten Meer, mußten wir durch einen Engpaß, Raba genannt, und bald dahinter, an einem Wasserloch, sahen wir eine ganze Gruppe Fuzzi-Wuzzi. Es war ein herrliches Bild, und der erste Eindruck zeigte uns wunderbar athletisch gebaute, schöne Menschen. In ihrem üppigen, auffallend krausen Haarschopf tragen die Männer einen Zierkamm, meist aus Holz geschnitzt, nur wenige sind aus Horn mit silbernen Knöpfen. Ich hatte wieder einmal mein fast sprichwörtliches Expeditionsglück. Unter der Schar befand sich ein Häuptling, der völlig verklebte und vereiterte Augen hatte. Wir kamen langsam ins Gespräch, und als ich ihm anbot, ihn von seinem Augenleiden zu befreien, wurde er zugänglicher, und ich konnte ihm unsere Absichten klarmachen. Ich sagte ihm, ich hätte den Wunsch, einige Zeit bei seinem Stamm zu leben, um ein wenig von den Sitten und Gebräuchen kennenzulernen, und möglichst auch zu filmen und zu fotografieren. Da meine Augenbehandlung schnellen und sichtbaren Erfolg zeigte, leistete er meinen Plänen keinen Widerstand.
Nach Tagen des gegenseitigen Abtastens wurde unser Kontakt so gut, daß wir alles, was wir sahen, filmen und fotografieren konnten. Eines allerdings sahen wir nie: Frauen. Ich sprach mit dem Häuptling, bot ihm Geschenke für die Frauen an, alles war umsonst. In bösem, heftigem Ton verweigerte er mir meine Bitte. In wenigen Augenblicken war die freundliche Situation ins Gegenteil umgeschlagen und wurde so bedrohlich, daß ich es für besser hielt, mich zu verabschieden. Tagelang begegneten wir noch kleinen Gruppen von Fuzzi-Wuzzi und einmal sahen wir sogar eine Hochzeit, wo wir einige Frauen aus 200 Meter Entfernung aufnehmen konnten.
Obwohl wir große Schwierigkeiten beim Studium der Hadendoa hatten, imponierte mir ihre stolze und charakterfeste Ablehnung alles Fremden, und dies gibt mir bis heute die Hoffnung, daß dieser Stamm noch lange selbstbewußt und frei in den Bergen zwischen Nil und Rotem Meer leben wird.
Mehrmals besuchte ich den Stamm der Wagenia in der Nähe von Kisangani am Kongo. Sie sind geschickte Bootsführer und Fischer, die die Stanley-Stromschnellen ausnützen, um an ihre Beute zu kommen. Die Bootsleute brachten uns mit

großem Können durch das reißende Wasser zum anderen Ufer, weil ich von dort aus die Gestelle für ihre Reusen am besten sehen konnte. Die einzelnen Stangen wie auch die geflochtenen Reusen werden nur durch Lianen zusammengehalten, und das Bewegen auf den luftigen Stangen erfordert große Geschicklichkeit.

Wenn man sich in Zaire die Mühe macht, mehrere Stunden tiefer in den Ituri-Dschungel zu marschieren, findet man Laubhütten, in denen die Pygmäen noch so leben, wie ich sie schon vor 30 Jahren kennengelernt habe. Es sind liebenswerte, fröhliche und gastfreundliche Menschen, die im afrikanischen Dschungel noch die letzten Sammler und Jäger sind. Mit ihren kleinen Bogen und kurzen Lanzen jagen sie neben kleinen Antilopen sogar Elefanten, die sie von unten angreifen. Verständlich, denn die Männer werden nicht größer als 1,45 Meter und die Frauen sind noch kleiner.

Im Laufe meiner Reisen in Afrika oder auf den Andamanen, Philippinen und Neu-Guinea wurden die kleingewachsenen Negritos (Pygmäen) meine bevorzugten Begleiter. Ihr guter Charakter und ihre Geschicklichkeit im unwegsamen Dschungel haben sie mir auf vielen Expeditionen unentbehrlich gemacht.

Unter der Führung des Pygmäen Mushensi ging auch ein langgehegter Wunsch von mir in Erfüllung: wildlebende Gorillas zu sehen. Durch den primären Urwald, völlig unberührt von Menschenhand, schlugen wir uns einen Pfad. Wir durchquerten dunkle Schluchten und erreichten einen Platz, wo uns Mushensi zu absoluter Stille aufforderte. Nach einiger Zeit meinte er, dem Geruch nach müßten die Gorillas weiter im Osten sein. Kurze Zeit später hörten wir vor uns Geräusche, und wir trauten unseren Augen nicht: Auf uns bewegte sich ein Gorilla zu, der uns offensichtlich beobachtete. Bald folgte die ganze Familie, die aus 31 Tieren bestand. Wir filmten und fotografierten soviel wir nur konnten.

Die Gorillas leben nach einem genauen Tagesplan, und es gibt viele Regeln, die man bei einer Begegnung mit ihnen beachten muß. Mushamuka nannte mein Pygmäenführer das Oberhaupt der Familie. Er hatte schon manch gefährliche Begegnung mit ihm gehabt. So wie sie sich beim Fressen langsam vorwärtsbewegten, mußten wir zurückweichen, um sie nicht zu provozieren. Am Abend, gegen 18 Uhr, bauen Gorillas ihre Nester: die großen Tiere am Boden, die jungen in den Bäumen, Weibchen und Männchen getrennt. Jeden Tag wählen sie einen anderen Platz. Ich muß bekennen, diese Stunden bei Mushamuka und seiner großen Familie gehören zu meinen bisher schönsten Tiererlebnissen.

Auch die Pygmäen, die mich zu diesem Ort im Dschungel gebracht hatten, führen noch ein friedliches und ungebundenes Leben. Ob sie der Zivilisation widerstehen oder deren Verlockungen nachgeben, hängt allein von ihnen ab, denn niemand könnte ihnen in den dichten Urwald folgen, der ihr Zuhause ist.

Die Kalapalo führen ein zufriedenes Leben am „See der Glückseligkeit“

SÜDAMERIKA

Mehrere Monate lebte ich bei den Kalapalo, einem der Indianerstämme am Rio Xingu. Ich beobachtete ihr Familien- und Stammesleben und wurde schließlich Zeuge eines der jährlich stattfindenden Kwarup-Feste, einer Gedenkfeier für Urbeginn und Tod, im erweiterten Sinn eine Darstellung des indianischen Schöpfungsmythos

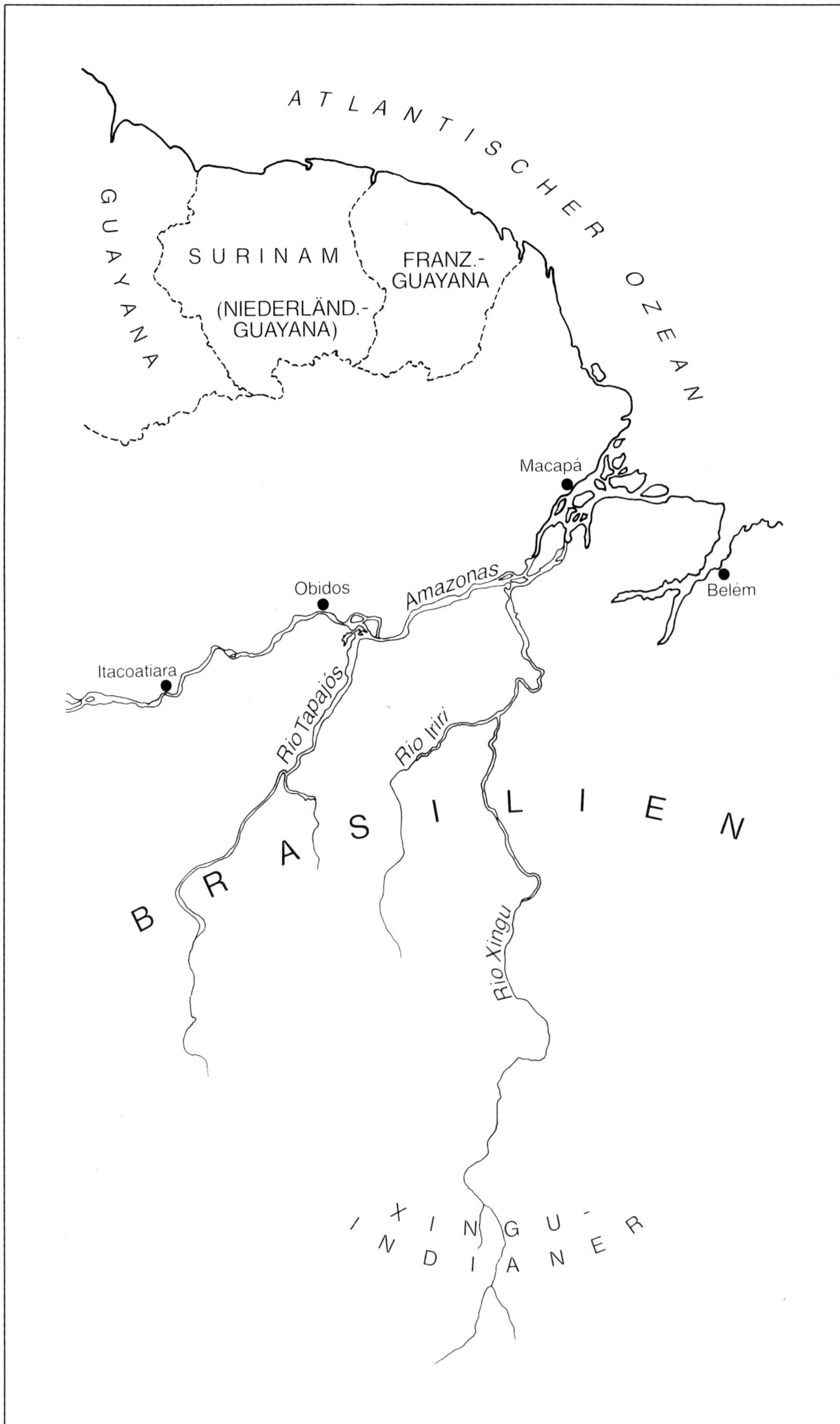
ATLANTISCHER OZEAN
GUAYANA
SURINAM
(NIEDERLÄND.-
GUAYANA)
FRANZ.-
GUAYANA
Macapá
Belém
Amazonas
Obidos
Itacoatiara
Rio Tapajós
Rio Iriri
Rio Xingu
BRASILIEN
XINGU-
INDIANER

Huka-Huka

Immer wieder lockt es Menschen zu den wenigen unberührten Paradiesen, die es noch auf Erden gibt. Ich hatte das große Glück, in Brasilien, im Gebiet des Xingu-Flusses, mir solch einen Wunschtraum erfüllen zu können. Ich fand ein Stück Land, wo die Menschen frei und zufrieden sind, wo das scheinbar Unwichtige wichtig ist und das Normale den Tag beherrscht. Wohltuend war der Frieden, der mich umgab, heiter das Lachen der Mädchen und Frauen beim Baden im klaren Wasser der fischreichen Lagune. Traurig und geheimnisvoll tönten die alten Jakuiflöten, wenn die Männer sie, ängstlich vor den Augen der Frauen verborgen, in der Festhütte bliesen.

Die Indianer, die ich damals am Xingu antraf, waren dem Fremden nicht feindlich gesinnt, jedoch auch nicht friedlich. Unsicherheit und Mißtrauen waren es, die einem zuerst begegneten. Manche von ihnen sehnen sich nach dem Kontakt mit den Weißen, andere ziehen sich scheu zurück. Zu den Zeiten eines Karl von den Steinen, der 1884 in den Savannen des Mato Grosso den Xingu-Fluß entdeckte, waren die Stämme an seinen Ufern noch völlig unbekannt. Keine Landkarte verzeichnete den Lauf dieses 2.000 Kilometer langen Stromes, der einer der größten Nebenflüsse des Amazonas ist. Galt die erste Expedition Steinens mehr geographischen Forschungen, vervollständigte seine zweite Reise in den Jahren 1887/88 das Wissen über die indianische Bevölkerung, die damals etwa 3.000 zählte. Er traf auf Indianer, die den Eindringling entweder haßten oder fürchteten und ohne zu zögern ihre Pfeile abschossen, denn der Mensch war für sie kein höheres Wesen. Er stand für sie auf gleicher Stufe mit Fluß, Pflanze und Tier, und wann immer ein Indianer Gefahr witterte, wehrte er sich und tötete den unbekannten Menschen mit der gleichen Selbstverständlichkeit wie den beutegierigen Jaguar. Spürten sie keine Gefahr, legten sie Pfeil und Bogen beiseite und kamen dem Fremdling unbewaffnet entgegen. Man wußte, woran man war, und konnte sich darauf verlassen.

Als ich die Xinguaner besuchte, waren sie durch viele schlechte Erfahrungen mißtrauisch geworden, und ich mußte mit viel Behutsamkeit, Takt und Geduld versuchen, ihr Vertrauen zu gewinnen. Lange habe ich mit ihnen zusammengelebt und ihre Fröhlichkeit und Unbefangenheit lieben gelernt. Ich nahm ihnen ihre kleinen, zweckdienlichen Diebereien nicht mehr übel, ja, ich gewöhnte mich daran, daß täglich etwas von meinen Kontaktgeschenken fehlte. Doch eines Morgens erlebte ich eine Überraschung. Auf dem Sand vor meiner Hütte lagen, sorgfältig ausgebreitet, Foto- und Filmausrüstungsgegenstände, die in einer von ihnen gestohlenen Kiste nebst Angelhaken und Messern verpackt gewesen waren. Da sie mit dem Filmmaterial nichts anzufangen wußten, hatten sie mir die Kiste in der Nacht heimlich wieder zurückgebracht. Sie eigneten sich nur Dinge an, die ihr einfaches Leben erleichterten.

Es waren unvergeßliche Wochen, die ich unter ihnen verbrachte, und ich habe viele Seiten meines Tagebuches mit Notizen darüber gefüllt. Ich wurde Zeuge eines Kwarup-Festes, Beobachter des Stammes- und Familienlebens, so wie es das heute schon lange nicht mehr gibt. Vieles hat sich inzwischen geändert. Während ich damals noch hoffte, daß die verantwortlichen Stellen mit viel Einfühlsamkeit und Verständnis diese Kinder der Natur behutsam unserer Lebensform annähern würden, sehe ich jetzt, da dieses Buch erscheint, leider, daß meine ärgsten Befürchtungen von den Tatsachen noch übertroffen werden. Einige der Stämme wurden von ruchlosen Landgewinnlern ausgerottet, indem man vergiftete Nahrung und verseuchte Kleider aus Flugzeugen abwarf. Es wurden Straßen gebaut, und die Indianer bilden nun das neue Proletariat.

Im Dorf der Kalapalo am „See der Glückseligkeit“. Das Familienleben und das Leben innerhalb des Stammes ist sehr harmonisch. Oben rechts eine Frau bei der Zubereitung von Maniokfladen. Maniokwurzeln, die in verschiedener Form zubereitet werden, gehören neben Fisch und Wild zu den Hauptnahrungsmitteln

Die Bemalung des Körpers und der Haare spielt eine besondere Rolle. Ornamente und geometrische Muster in roter Farbe (Uruku) herrschen bei den Männern vor und symbolisieren Tiere und deren Kraft. Die Bemalung der Frauen ist zurückhaltender

Die befreundeten Yawalapiti, links im Bild der Häuptling, flankiert von Urui-Flöten-Bläsern, waren genauso wie die Kuikuro, Kamajura, Mehinaku und Aweti zum großen Fest geladen

S. 50/51:
Das Kräftemessen zwischen befreundeten Stämmen, genannt Huka-Huka, gehört zum Höhepunkt des Kwarup-Festes. Dem Kampf sind bereits drei große Tänze, der Kriegstanz, der Trauer- und der Feuertanz vorausgegangen.
Derartige Ringkämpfe wurden früher als Ertüchtigung der Männer in ihren eigenen Dörfern durchgeführt.
Heute, da keine blutigen Stammesfehden mehr ausgetragen werden, ist der Huka-Huka ein rein sportliches Ereignis

S. 52:
Ein Mehinaku hatte einen Schlüsselbeinbruch erlitten und brüllte vor Schmerzen, bis der herbeigeeilte Schamane dicke Rauchwolken aus einer grünen Zigarre über den Körper des Verwundeten blies. Man sah es dem jungen Kämpfer an, wie wohl ihm diese Behandlung tat . . . Nach dem Kampf wuschen sich die Männer Uruku und Pikiöl aus ihrer Haartracht, es dauerte oft Stunden, bis die dicke, klebrige Paste entfernt war

Flötenspieler und graziöse junge Mädchen beendeten das Männerfest. Elegant und leicht ruhten die Hände der jungen Indianerinnen auf den Schultern der Flötisten. Es war ein bezauberndes Bild, wenn sie sich in zögernden Tanzschritten im Kreise bewegten

Vor einer Spiegelscherbe oder auch gegenseitig bemalen sich die Mädchen der Kalapalo. Wie alle Frauen der Welt, wollen sie nichts anderes als schön sein

Dieser Ojampi-Indianer an der Grenze von Surinam und Französisch-Guyana tanzt sich in Trance, um die schmerzhafte Mutprobe tapfer zu ertragen, die ihm bevorsteht. Um ins Männerhaus aufgenommen zu werden, werden ihm Bastmatten, in die lebende Wespen und Bienen hineinoperiert wurden, auf Rücken und Brust gelegt

Für den ersten Teil meiner Neuguinea-Expedition hatte ich mir die Erforschung des Carstensz-Gebirges vorgenommen. Dabei gelang es mir, alle 31 Gipfel zu ersteigen

FERNER OSTEN

Bei den Andamanern, einem Zwergvolk im Golf von Bengalen

Die Bergpapuas auf Neuguinea und die Suche nach ihrer „Quelle der Steinäxte“

Die Dajak von Borneo und die Expedition auf den Kinabalu, den Thron ihrer Götter

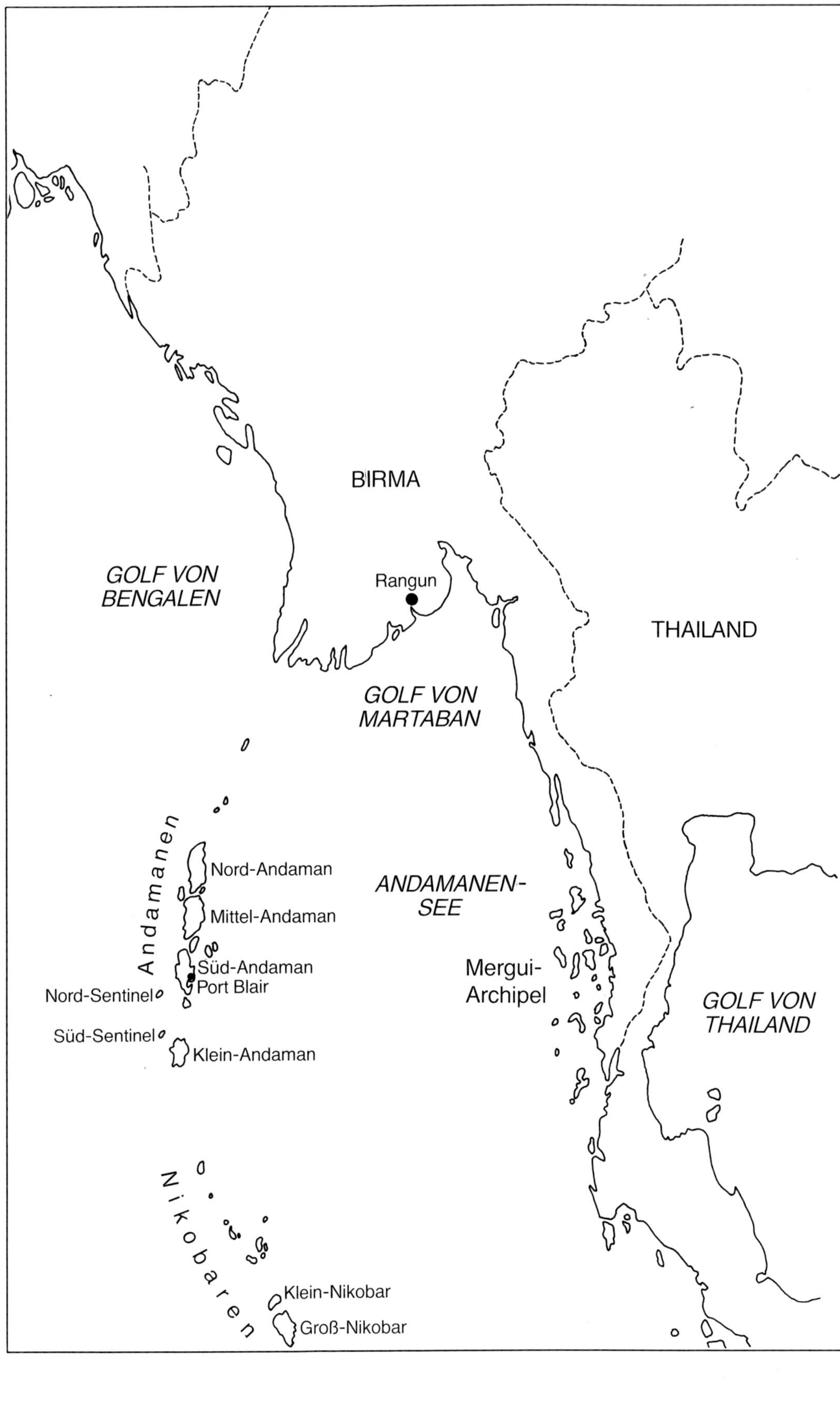

BIRMA
THAILAND
GOLF VON BENGALEN
Rangun
GOLF VON MARTABAN
ANDAMANEN-SEE
Andamanen
Nord-Andaman
Mittel-Andaman
Süd-Andaman
Port Blair
Nord-Sentinel
Süd-Sentinel
Klein-Andaman
Mergui-Archipel
GOLF VON THAILAND
Nikobaren
Klein-Nikobar
Groß-Nikobar

Die Andamanen

Die Expedition zu den Andamanen im Jahre 1974 war eine Forschungsreise des „Fond Leopold III." Der frühere belgische Monarch hatte diese Stiftung ins Leben gerufen, um Wissenschaftlern die Möglichkeit zu geben, auf behutsame Weise Völkerstämme zu besuchen und neue Erkenntnisse über sie zu gewinnen. Und da ich König Leopold bereits auf früheren Reisen begleitet hatte, konnte ich auch an dieser außergewöhnlichen Expedition teilnehmen. Es wäre mir angesichts der Strenge der indischen Minoritätenpolitik sonst wohl nie gelungen, eine Genehmigung zum Besuch der noch völlig unberührten Jarawa und Sentinelesen zu bekommen, und das Leben dieser Menschen der Vorsteinzeit zu erforschen.

Tatsächlich liegt die Zukunft der letzten Ureinwohner auf diesen Inseln in der Hand der indischen Regierung. Doch wußten die zuständigen Stellen in Neu-Delhi und der Chief Commissioner, daß König Leopold und ich bereits viele Völker und Stämme besucht hatten und daß wir ihnen immer mit dem erforderlichen Respekt begegnet waren. Man kannte unsere Erfahrung auf diesem Gebiet und setzte voraus, daß wir auch den Ureinwohnern der Andamanen mit Geduld und Sympathie entgegentreten würden. So erhielten wir nach langem Warten die Erlaubnis zum Besuch der Jarawa, Groß-Andamaner, Onge und Sentinelesen.

Zwar war die Existenz der Jarawa bekannt und daß sie auf der Stufe des Prälithikums lebten, also nicht wie in der Alt- oder Jungsteinzeit, sondern in der Vorsteinzeit (mehr als 60.000 v. Chr.). Aber das war auch so ziemlich alles. Für uns waren sie damals Geschöpfe, von denen wir nicht wußten, wie sie sich selber nannten, und mit denen es keinerlei Verständigungsmöglichkeiten gab. Es war nur sicher, daß sie nicht einmal in der Lage waren, Feuer zu machen, sondern es bewahrten, seit der Blitz in einen morschen Baum eingeschlagen hatte. Und so war es für mich ein großes Erlebnis, zu der kleinen bevorzugten Gruppe jener ersten Europäer zu gehören, die mit diesen Eingeborenen Kontakt aufnehmen konnten oder – wie im Fall der Sentinelesen – sie aus der Ferne zu beobachten. Es erfüllte mich eine Spannung wie selten zuvor, als wir am 18. November 1974 von Kalkutta aus über das offene Meer flogen.

Die Maschine nahm Kurs nach Osten, steuerte Rangun an, und plötzlich glänzte unter mir der Irawadi, einer der mächtigsten Ströme dieser Erde. In tausend Arme verzweigt, fächert er sich an seiner Mündung auf und ergießt sein Wasser in den Indischen Ozean: Wasser, das er über einen halben Kontinent hinweg hertransportiert, aus einem Gebiet, wo mein Leben als Forscher begann – aus Tibet. Ein Leben, in dessen Verlauf ich die verschiedensten Landschaften, Menschen und Sitten erlebt hatte und das jetzt einem neuen Höhepunkt zustrebte. Eine Flugstunde südlich von Rangun sahen wir die ersten von über 200 Andamaneninseln, wo es bis heute noch etwa 500 Ureinwohner gibt, denen eine erdrückende Übermacht von 115.000 Neusiedlern aus Indien gegenübersteht.

Man teilt die Inseln in vier Gruppen ein. Auf der Gruppe der Groß-Andamanen leben nur noch 23 Ureinwohner, sie sind degeneriert, lethargisch und kurz vor dem Aussterben. Nicht viel besser steht es um die Onge auf Klein-Andaman. Wir haben ihre Gleichgültigkeit und Abgestumpftheit beobachtet und waren sicher, daß sie dem gleichen Schicksal entgegengehen.

Ganz anders die dritte Gruppe, die Jarawa, die ein halbnomadisierendes Leben führen und in den dichten Wäldern an der Westküste von Mittel- und Süd-Andaman zu Hause sind. Sie galten jahrhundertelang als Kannibalen und kaltblütige Krieger – und jubelten, als man ihnen die ersten Geschenke an den Strand legte. Sie geben sich unbefangen, sind aber voller Mißtrauen.

Absolut unnahbar, feindlich und bis zur Tollkühnheit abweisend sind die Sentinelesen. Sie bewohnen Nord-Sentinel, eine winzige Insel 50 Kilometer westlich von Süd-Andaman, die von gefährlichen Korallenriffen und einer fast immer rauhen See umgeben ist.
Auf dieser Forschungsreise beschlich mich, ähnlich wie in Neuguinea, das Gefühl des Erstmaligen, Einmaligen. Der Bergsteiger, der seinen Fuß auf einen unbestiegenen Gipfel setzt, kennt dieses Phänomen. Anthropologen und Ethnologen träumen davon, einmal in ihrem Leben eine solche Chance zu erhalten, wie sie uns hier auf den Andamanen geboten wurde. Ich wollte sie nutzen, Augen und Ohren offenhalten, fotografieren und filmen, Geduld üben, Sympathie entgegenbringen, zu verstehen suchen und vor allem aufschreiben, jede Kleinigkeit aufschreiben.
Später habe ich das meiste in meinem Buch „Die letzten Fünfhundert" berichtet. Den Tag, an dem sich die Jarawa singend, schreiend und gestikulierend auf uns und unser Schiff stürzten, habe ich noch mit allen Einzelheiten im Gedächtnis. Es war wie ein Naturereignis, und ich wußte nicht, ob ich filmen, fotografieren oder einfach nur dastehen und staunen sollte. Später, nachdem wir an Land gegangen waren, drangen wir tiefer in den Dschungel ein, wo das Gemeinschaftshaus der Jarawa stand; noch weiter, zu ihrem Haupthaus, ließen sie uns allerdings nicht. Aber auch im Gemeinschaftshaus gab es genug zu beobachten: ihre Feuerstellen, Herde, ihre Nahrungsmittel. Muscheln sind die Hauptnahrung der Jarawa. Wir fanden ganze Berge von leeren Schalen vor den Hütten. Nur ihre Waffen sahen wir leider nicht, sie mußten sie in einer anderen Hütte oder im tiefen Dschungel versteckt haben. Zwei Stunden haben wir auf dieser Insel verbracht, und wir waren dankbar für die Zeit, in der wir so vieles beobachten und erleben konnten.
Warum waren wir nicht länger geblieben? Es wäre nichts dabei gewesen, eine Nacht vor ihrer Küste zu ankern. Aber wir hatten uns vorher abgesprochen, so schnell, wie es vertretbar war, wieder wegzufahren. Der Grund war einfach: Die Jarawa waren gesund; ein Niesen oder Husten von uns hätte sie gefährden können.
Nun wollten wir zu den Onge. Für den Forscher ist der Besuch bei den Onge die einzige Möglichkeit zu ergründen, wie die Groß-Andamaner einst lebten. Denn die Jarawa sollen so unberührt belassen werden, wie sie noch leben; die Groß-Andamaner sind degeneriert; also bleiben nur die Onge als Studienobjekte und Bindeglied zwischen Urzustand und Degeneration.
Alles, was ich in der Literatur z. B. bei Cipriani und M. Gusinde über die Onge gelesen hatte, fand ich bestätigt. Das streng isolierte Inselleben hatte zur Reinerhaltung ihres Rassentyps beigetragen, ja, ich möchte fast behaupten, daß sie die reinste Form der Negritos (kleine Neger) auf der Welt darstellen. Sie sind kräftig und untersetzt, haben ein rundes, faltenloses Gesicht und riesige dunkle Augen. Vor allem die Frauen sind durch fettreiche Ernährung sehr üppig und haben geradezu groteske riesige Gesäße. Es ist eine Mißbildung, in der Medizin Steatopygie genannt, die nur bei Frauen auftritt.
Im Gegensatz zu den meisten Völkern, die im Nacktzustand leben, kennen die Onge keine Tätowierungen; sie schmükken sich durch Bemalen. Vieles haben wir hier erforscht und aufgezeichnet, aber wir sahen auch den Niedergang dieser Urbevölkerung, die Proletarisierung und Ausrottung. 40 der letzten 112 Onge habe ich vermutlich zum letzten Mal gesehen.
Diese Gedanken bewegten mich auf der Fahrt nach Port Blair. Als unser Schiff nach elf Stunden in den Hafen einfuhr, lag Klein-Andaman hinter mir.
Wir waren während unserer langen Expedition von den Jarawa einmal in Freundschaft, einmal in einer etwas gefährlichen Atmosphäre geschieden. Wir hatten die Groß-Andamaner gesehen, mit den Onge auf Klein-Andaman lebten wir praktisch Hütte an Hütte. Aber da gab es noch jene geheimnisvollen, unbekannten, noch

König Leopold von Belgien verdanke ich den Besuch der Naturvölker auf den Andamanen-Inseln

nicht erforschten und bisher nur aus der Ferne gesichteten Sentinelesen auf der kleinen Insel Nord-Sentinel. Wir drängten die Inder nicht, uns zu ihnen hinzulassen, aber der Chief Commissioner wollte wohl dem König eine Freude bereiten und versprach uns einen Besuch dort. In Zukunft wollte er dieses Privileg keinem anderen mehr zuteil werden lassen.

Wir sahen einige Sentinelesen am Ufer, einige in den Bäumen: bereit, mit Pfeil und Bogen ihr kleines Eiland zu verteidigen. Das waren unvergeßliche Augenblicke, und ich mußte mir immer wieder vorsagen, daß es kein Traum war.

Wir waren uns alle darüber im klaren: Dies war der letzte Platz unserer Erde, wo man einen Vorsteinzeitmenschen bei seinem rührenden Versuch beobachten konnte, mit Gewalt in seiner Steinzeit zu bleiben. Rührend, weil er überzeugt war, uns mit Pfeil und Bogen von seiner Insel fernhalten zu können. Wir traten den Rückzug an und beobachteten mit dem Feldstecher, wie die Sentinelesen ihren „Sieg“ über uns mit Freudentänzen feierten.

Gegen uns hatten die Sentinelesen gesiegt, weil wir es so wollten, weil wir gelten ließen, daß diese Menschen gesund und zufrieden in ihren alten, ihnen gemäßen Kulturen leben. Wir haben ihre Insel nicht betreten, und durch unseren Rückzug haben wir sie in ihrem Selbstbewußtsein bestätigt und vielleicht noch stärker gemacht.

Ich habe auf meinen Expeditionen bei vielen Stämmen gelebt und ihre Sitten und Gebräuche studiert. Dabei konnte ich feststellen, daß diese Menschen, wenn man sie in ihrer unabhängigen Lebensweise beließ, glücklich waren und sich nichts anderes gewünscht haben. Sie kannten keine Unzufriedenheit und keinen Neid. Als freie Menschen mit ausreichendem Lebensraum hatten sie sich noch nicht in den Teufelskreis von Wohlstand und Erfolgsstreben verstrickt, dem unsere Zivilisation erlegen ist. Leider werden solche Beispiele immer seltener. Auch heute noch sehe ich das Bild vor mir, wie ein Sentinelese mit Pfeil und Bogen am Ufer steht und auf uns zielt, während Dutzende seines Stammes im Dschungel lauern. Sie sind uns überlegen, derart überlegen, daß sie uns nicht brauchen, nicht wollen, nicht einmal sehen wollen.

Die Sentinelesen – sie bewohnen Nord-Sentinel, eine winzige Insel westlich von Süd-Andaman – erwiesen sich als völlig unnahbar und feindlich. Mit Pfeil und Bogen verteidigten sie ihr kleines Eiland und hinderten uns am Landen, so mußte ich vom schwankenden Boot, aus etwa sechzig Meter Entfernung, mit einem 1.000-mm-Objektiv fotografieren
(s. auch S. 64/65)

Bei den Frauen der Onge auf Klein-Andaman gilt der vorgewölbte Steiß als Schönheitsmerkmal und wird wohl schon beim Kleinkind durch das Tragen mit einem tief einschneidenden Gurt gefördert. Im Mittelpunkt der Onge-Gesellschaft stehen die Kinder, die frei und ohne Zwang aufwachsen und gelegentlich von den Vätern betreut werden

Die Pfeife, an der hier eine Onge-Frau genußvoll zieht, ist Teil einer Langustenschere

Bis vor kurzer Zeit diente die Nautilus-Muschel den Onge als Trinkgefäß. Heute gehören Plastik- und Emailbecher auch zu ihrem „Haushalt“

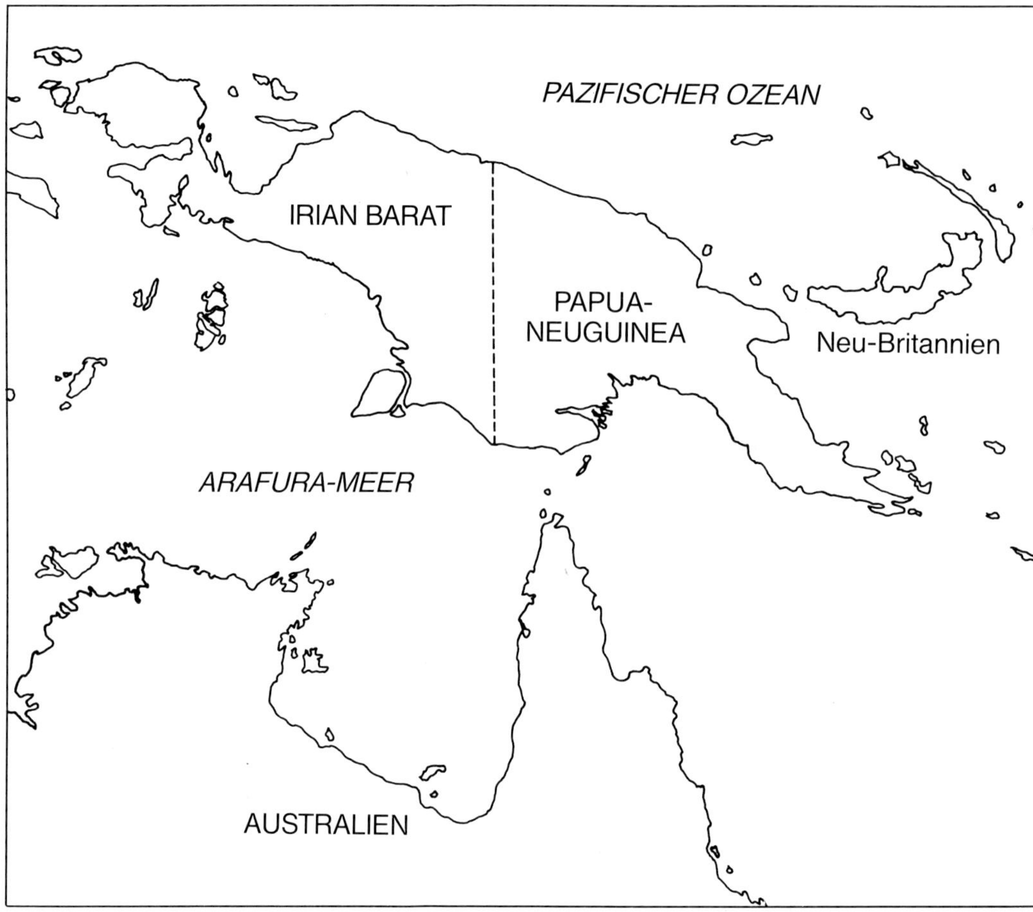
PAZIFISCHER OZEAN
IRIAN BARAT
PAPUA-
NEUGUINEA
Neu-Britannien
ARAFURA-MEER
AUSTRALIEN

Neuguinea

Meine Expedition nach Holländisch Neuguinea, die fast ein Jahr dauerte, war sicher die härteste und entbehrungsreichste meines Lebens. Mehrmals bin ich dabei dem Tode gerade noch entkommen, und ich verließ die Insel mit zerschundenem Körper und gebrochenen Knochen. Aber all das habe ich inzwischen beiseite geschoben, und geblieben ist der ungeheure Reichtum an Erlebnissen, die ich mit den Bergbewohnern von West-Neuguinea hatte. Zusammengekauert im Zelt, auf einem Felsblock hockend oder gegen einen mächtigen Urwaldbaum gelehnt, ausgeruht oder müde, hungrig oder übersättigt, gesund oder mit zersplitterter Kniescheibe, bei Sonne oder strömendem Regen, bei Tag und bei Nacht habe ich die Stationen dieser abenteuerlichsten und schwierigsten Forschungsreise an Ort und Stelle aufgeschrieben. So entstand mein „Tagebuch aus der Steinzeit“.

Die Expedition bestand aus drei großen Teilen. Als erstes wollte ich die noch unerstiegene Carstensz-Pyramide versuchen, danach wollte ich herausfinden, wo die Eingeborenen die Steine brechen, die sie für ihre Steinäxte verwenden, und schließlich interessierte mich die Durchquerung der Insel von Nord nach Süd, was bisher noch niemand versucht hatte.

Im Sommer 1937 – ich bereitete mich gerade auf die Besteigung der Eiger-Nordwand vor – hörte ich von einer holländischen Expedition, die ins Innere Neuguineas vorgedrungen war und dort ein „Eisgebirge“ vorgefunden hatte. Mir war bekannt, daß es in Südamerika und in Afrika auch in Äquatornähe schnee- und gletscherbedeckte Berge gibt. Aber auf einer Insel im Pazifik, über Palmen, Orchideen und feuchtwarmem Dschungel? Ich konnte es kaum glauben. Also machte ich mich selbst auf den Weg.

Meine Gefährten waren der Neuseeländer Phil Temple, der australische Medizinstudent Russel Kippax und der Holländer Bert Huizenga. Genau 339 Jahre nach der Entdeckung des Carstensz-Gebirges durch den Holländer Jan Carstensz wollten wir den Anmarsch auf diesen Berg beginnen. Wir brachen auf ins Innere der zweitgrößten Insel der Erde, wo die Menschen primitiver, die Dschungel dichter und die Flüsse gefährlicher sind als irgendwo sonst in der Welt. Wir durchschritten das Tor zum größten „naturhistorischen Museum“, das es gibt, und von dem auch heute noch 95 Prozent unerforscht sind. Wir betraten Gegenden, wo jeder falsche Schritt, jede unbedachte Reaktion den Tod bedeuten konnte.

Ausgangspunkt war Wamena im Hochland von West-Neuguinea. Mit über 100 Trägern vom Stamm der Dani und Uhunduni marschierten wir los. Wir wateten durch tiefen Morast und balancierten auf kreuz und quer niedergebrochenen, schlüpfrigen Baumstämmen über dunkle, von undurchsichtigem Ast- und Pflanzengewirr angefüllte Abgründe. Trotzdem hatte ich noch Augen für die märchenhafte Schönheit der Landschaft, die prachtvollen Orchideen und die roten und weißen Begonien, die hier in der Feuchtigkeit überall wuchsen. Die bemoosten Baumstämme erinnerten an einen Zauberwald, und das vom üppigen Laub gefilterte Licht leuchtete unwirklich.

In 3.800 Metern lagerten wir und beneideten unsere Träger, denen die körperliche Anstrengung überhaupt nichts anzuhaben schien. Überall im Wald hörte ich sie bellen und jaulen, und manchmal war kein einziger mehr im Lager. Mit Humor und Geduld mußten wir sie behandeln, denn schließlich waren wir es ja, die sie brauchten, und nicht umgekehrt. Geduld ist wohl die größte Tugend eines Forschers, der sein Ziel erreichen möchte, und immer wieder wird sie auf die Probe gestellt. Zeit darf keine Rolle spielen, wenn man zu bisher unberührten Eingeborenen Kontakt sucht. Hast und Unruhe können alles zerstören, oft sogar tödlich werden. Ich habe mir daher einen Spruch zurechtgelegt, der mir bis heute als Leitmotiv

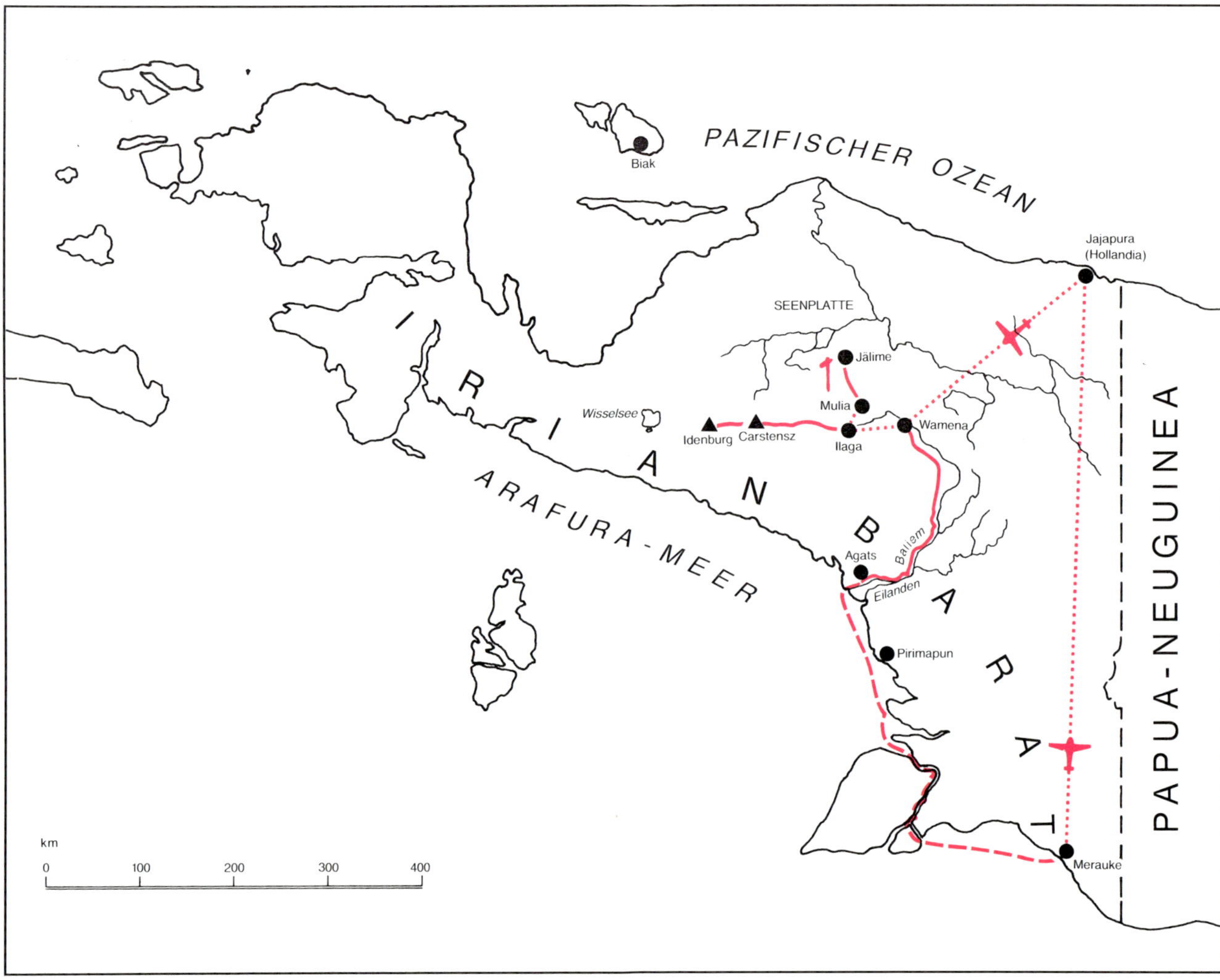

dient: „Dem Geduldigen strömen die Dinge zu, der Ungeduldige stößt sie ab." In den Tropen, im Hochland des Himalaja, aber ganz besonders im schwülen Dschungel Neuguineas ist eine solche Philosophie der Gelassenheit unentbehrlich. Wer glaubt, Regierungen, Administrationen oder gar eingeborene Träger hetzen zu können, soll lieber zu Hause bleiben. „Asti, asti bandar ko bakaru", sagen die Inder. („Langsam, langsam fang den Affen.")

Gegen Abend tauchten über niedrig ziehenden Wolken kleine Gipfel auf. Auch hier noch unerforschtes Gebiet auf dieser faszinierenden Insel, auch hier noch Geheimnis, Abenteuer, unbekannte Steinzeit. Und dann kam der Tag, an dem das Carstensz-Gebirge mächtig und schön vor uns lag. Ein Gebirge, dessen Gipfel fast alle unerstiegen waren. Wir machten Gletschermessungen und trafen die allerletzten Vorbereitungen für die Besteigung des höchsten Berges zwischen Anden und Himalaja. Kurz vor dem Aufbruch brachte uns ein Papua einen Brief des Missionars G. Larsen, über den wir nur staunen konnten. Einige desertierte Träger hatten, um ihre frühe Heimkehr zu erklären, in der Missionsstation behauptet, unser Lager sei zuerst von Hungersnot und Krankheit heimgesucht worden, und schließlich habe uns alle ein Erdrutsch unter sich begraben. Die internationale Presse berichtete: „Harrer-Expedition vermißt." Nun, die Wirklichkeit sah zum Glück anders aus.

Wir waren gesund, und unsere Gedanken drehten sich nur um „die Pyramide". Am 13. Februar 1962 standen wir dann endlich auf dem Gipfel. Durch das Schneetreiben war es naß und kalt, aber einmal

rissen die Wolken doch auf und gaben einen großartigen Blick auf den tiefen, dunklen Dschungel frei.
Im Basislager sahen wir außer einem Vogelpärchen keine Tiere. Die durch den Gletscherrückgang neuentstandene Welt war wohl noch zu unwirtlich.
Alles war kahl, keine Blumen, kein Baum, nur ein paar spärliche Moose hatten in den neuen Boden Wurzeln geschlagen – und ein einziges, karges Grasbüschel, dessen Samenkorn wohl ein Sturm hergetragen hatte. Die Unberührtheit und Einsamkeit konnten nicht größer sein.
Wir verbrachten Stunden mit Gletschermessungen. Das Ergebnis war erstaunlich: in 25 Jahren war der Carstensz-Gletscher 452 Meter zurückgegangen und der Meren-Gletscher sogar 745 Meter. Unsere Meßzahlen haben wir in einer wasserdichten Büchse hinterlegt.
Wir erreichten auch noch die Spitze des zweithöchsten Berges, des 4.800 Meter hohen Idenburg-Top, und hatten am Ende dieses ersten Teils unserer Expedition alle 31 Gipfel erstiegen, so daß es in der hufeisenförmigen Arena des Carstensz-Gebirges keine Lücke mehr gab. Wochenlang hatten wir Täler und Gletscher erforscht, die zuvor noch kein Mensch betreten hatte. Wir hatten das Märchental und viele unbekannte Seen entdeckt. Wir hatten mit Trägern zusammengelebt, die in ihrer Entwicklung 30.000 Jahre hinter uns zurück waren. Und wir hatten gemeinsam und doch jeder für sich allein die unendliche Einsamkeit der Bergwelt erlebt. Immer war es die große Stille, die mich am meisten ergriffen hat.
Ganz anders gestaltete sich die zweite Etappe unseres Forschungsvorhabens. Schon in Wamena hatte ich mit den dort ansässigen Missionaren darüber gesprochen. Meine immer gleichlautende Frage hieß: „Woher nehmen die Bergpapuas die Steine für ihre Äxte?" Und immer die gleiche Antwort: „Wir wissen es nicht." Auch in Ilaga bei den Dani und Uhunduni stellte ich diese Frage, aber auch hier erhielt ich – zunächst – keine befriedigende Antwort. Die Herkunft der Steine war offensichtlich ein streng gehütetes Geheimnis, tabu für jeden Fremden. Lediglich mein Leibdiener Okar verriet mir: „Steine stammen aus Steinbruch." Aber das konnte ich mir auch denken.
Nach zwei Monaten Aufenthalt wurden die Papuas immer zutraulicher und nannten mir schließlich, weil ich immer wieder danach fragte, den Namen des Steinbruchs. Er heißt „Yä-Li-Me", „Quelle der Steinäxte".
Mein Entschluß stand fest, ich wollte hin zu dieser „Quelle" und glaubte, daß ich es mit Phil und einigen Trägern schaffen würde. Sie mußte in der Nähe von Kangime sein, mehr konnte ich nicht erfahren. Es blieb uns wohl nichts anderes übrig, als zu suchen, denn es gab für mich nur noch den einen Gedanken, die „Quelle der Steinäxte" zu finden. Schließlich kristallisierte sich ein Platz nördlich von Mulia heraus, wohin wir uns auf die Suche begeben wollten. Inzwischen hatte ich noch herausbekommen, daß es dort einen Fluß gab, über den ein mächtiger Felsen hinaufragte. An diesem hohen Gestein sollten die Eingeborenen Gerüste bauen, um ihn dann mit großen Feuern zum Brechen zu bringen. Noch nie hatte das ein Weißer gesehen.
Mit 13 Dani zogen Phil und ich los und glaubten, in wenigen Tagen an der „Quelle der Steinäxte" zu sein. Leider kam alles völlig anders. Und heute, mit großem Abstand, muß ich sagen, ich habe auf dieser Expedition mehr Glück gehabt, als man gemeinhin von seinem Schicksal erwarten darf.
Zunächst wanderten wir durch märchenhaft schönen Dschungel langsam aufwärts in moosbewachsene Regionen, wo zartgesponnene Lichen, eine Symbiose von Pilzen und Algen, wie Vorhänge die Landschaft hauchzart verschleierten. An einem frühen Nachmittag hörten wir das vertraute Rauschen eines Wasserfalls, dessen Wassermassen in mächtigen Katarakten herniederstürzten. Stufenweise ging es in die Tiefe. Das Wasser schlug auf den Steinen auf und jagte die Gischt bis hoch in die Wipfel der Bäume, stürzte weiter, brach donnernd durch einige Rinnen im Gestein und schoß breit und über-

mächtig wieder hervor – ein großartiges Schauspiel. Ein gefährliches allerdings auch. Aber daran dachte ich nicht. Ich wollte filmen. Meinen schweren Unfall und die Folgen habe ich ausführlich in dem Buch „Ich komme aus der Steinzeit" beschrieben. Hier nur so viel: Ich rutschte beim Queren auf einem Schuttkegel aus, genau in den oberen Rand des Wasserfalls hinein. Alles Wehren half nichts, das Wasser erfaßte mich, wirbelte mich herum und kopfüber flog ich in die Tiefe, etwa 20 Meter (oder sechs Stockwerke). Auf einem Absatz des Wasserfalls blieb ich liegen, halb im Wasser, halb am Felsen. Ich konnte nichts sehen vor Blut, denn ich hatte Verletzungen am Kopf, an den Armen und Beinen; Rippen waren gebrochen, und ich hatte nur einen Gedanken: „Jetzt nicht ohnmächtig werden!" Irgendwie gelang es den Trägern, mich über die tosenden Fluten hinweg herauszufischen. Phil kümmerte sich rührend um mich und verband meine Wunden, so gut es ging. Was dann kam, war ein einziger Alptraum. Ich wurde auf eine Tragbahre gepackt und zurück ging es nach Mulia. Ich rutschte auf der Bahre hin und her und stöhnte bei jedem Stoß der Träger, die bergauf, bergab, über alle Wurzeln und Steine stolperten. Doch alles nimmt einmal ein Ende, und so auch dieser entsetzliche Rücktransport, wo alle sich bemüht hatten, mir meine Schmerzen zu erleichtern, wenn auch vergeblich. Von Mulia aus wurde ich nach Hollandia ins Krankenhaus geflogen. Aber schon wenige Tage später keimte in mir wieder der Gedanke auf, ob es wohl möglich sein würde, noch einmal nach Yä-Li-Me aufzubrechen. Ich wollte unbedingt den Steinbruch finden, von dem ich nur mehr drei Tage entfernt gewesen war. Ob ich dazu wieder Träger bekommen würde? Ich mußte ja damit rechnen, daß die Träger meinen Sturz als ein böses Omen, eine Warnung der Geister, deuten würden, die den Steinbruch vor fremden Eindringlingen schützen wollten.

In Hollandia im Krankenhaus hörten wir auch wieder etwas über eine neue Invasion von Sukarno-Truppen. Man sagte, die Lage sei ernst. Nach drei Wochen Klinik meinten die Ärzte, ich solle nun möglichst viel Gymnastik machen, aber ich sagte, die beste „Gymnastik" für mich sei, so schnell wie möglich wieder auf Expedition zu gehen, um die „Quelle der Steinäxte" zu finden.

Das Trägerproblem blieb meine Hauptsorge. Sooft ich mit den Eingeborenen darüber sprechen wollte, wurden sie stumm und abweisend. Schließlich bekam ich doch noch zwölf Träger zusammen, und wir konnten uns wieder auf den Weg machen. Am 8. Mai 1962 erreichten Phil und ich den Steinbruch. Es war sicherlich das bisher größte Erlebnis in meiner Forscherlaufbahn. Endlich, endlich hatten wir unser Expeditionsziel erreicht! Es war ein Platz von unbeschreiblichem Reiz: ein tropisches Felsental, durchzogen von einem reißenden Fluß, der in mächtigen Kaskaden der nahen Seenplatte zustrebte, und ringsum üppige Vegetation.

Und dann erlebte ich, wie Steinzeitmenschen ohne Werkzeug harten Stein für ihre Äxte brachen. Sie bauten ein Gerüst, dicht an einem großen, grünlich schimmernden Felsblock, schichteten darauf eine Steinterrasse, auf die sie Brennholz legten. Es war ein unvergeßliches Bild, diese nackten wild aussehenden Männer wie Affen an den Stangen herumturnen und mit primitivsten Mitteln eine Feuerstelle an den Felsblock bauen zu sehen. Schließlich brannte das Feuer, und alle sahen stumm zu. Noch nie habe ich mich der Natur so nah gefühlt wie hier in Yä-Li-Me, umgeben von nackten Eingeborenen, die nichts von unserer Zivilisation wußten und doch glücklich waren.

Nach vielen Stunden Wartens begann es zu knistern. Sie schütteten kaltes Wasser auf den heißen Felsen, und nach einigem Klopfen brachen nun tatsächlich Steinstücke ab. Sie wurden im Fluß abgekühlt und dann roh zugehauen, um die gröbsten Ecken abzuschlagen und dadurch das Gewicht für den langen Transport zu erleichtern. Heute, nachdem über 20 Jahre vergangen sind, bin ich mir darüber im klaren, daß wir nicht nur die ersten Weißen waren, die diesen Blick in die früheste Geschichte der Menschheit tun durften, sondern vermutlich auch die letzten. Denn leider hat sich trotz meiner vielen Ratschläge und Hinweise bis heute keine Expedition gefunden, die Yä-Li-Me besucht hat. Manche kommen in die Nähe, andere, die den Platz nicht erreichten, zweifelten an seinem Vorhandensein. So ist mein Bild- und Filmmaterial bis heute das einzige geblieben und nicht mehr durch neue Eindrücke von dieser wunderbaren „Quelle der Steinäxte“ ergänzt worden. Ich weiß inzwischen, daß hinter dieser uns unbekannten, weil steinzeitlichen Praxis, Stein zu brechen und ihm bestimmte Formen zu geben, auch ein Kult steckt. Aber diese Erkenntnis müßte noch weiter präzisiert werden. Es fiel mir sehr schwer, mich nach dieser aufregenden Zeit langsam wieder zurechtzufinden und mich auf den dritten und letzten Teil unserer Expedition zu konzentrieren, den Vorstoß in die Baliem-Schlucht. In diesem großen Tal des Baliem-Flusses leben die zur Dani-Sprachgruppe gehörenden Bewohner von West-Neuguinea. Ihre Zahl schätzte man damals auf etwa 50.000 im Talgrund und auf weitere 50.000, die verstreut in den Seitentälern und auf den Hängen der Gebirgszüge lebten. Diese Papuas sind ein wenig mehr als mittelgroß, und ihre Haut ist tief dunkelbraun. Ihre Augen sind dunkel, die Nase ist kräftig und der Mund groß mit dicken Lippen. Dank ihrer Isolierung verkörpern sie das Bild völliger Gesundheit. Über die Abstammung dieser Stämme gibt es verschiedene Theorien. Einige Wissenschaftler vermuten, daß sie vor den Polynesiern aus Asien abgewandert sind, wahrscheinlich erst nach den Ureinwohnern Australiens. Kein Zweifel besteht über ihren negroiden Einschlag. Ihr gekraustes, wollig schwarzes Haar, getränkt mit Schweinefett, wird von einem Netz aus Orchideenfasern zusammengehalten. Ihr Schmuck sind Ketten aus weißen Kaurischnecken und auf Faserschnüren gereihte Perlen aus Baumsamen. Häufig hatten die Männer große Eberhauer durch das Nasenseptum gezogen. Ihren Kopf schmückten sie mit schönen Federn, und um ihre muskulösen Arme hatten sie geflochtene Bänder oder Pelzstreifen, von denen Amulette baumelten. Lange, verschiedenartig geformte Penishüllen aus getrockneten Flaschengurken vervollständigten ihre bescheidene Kleidung. Diese Röhren sind Schutz und Ausdruck ihrer Männlichkeit.

Mein Partner während dieses dritten Teils meiner Expedition war Gerard van der Wegen, ein junger holländischer Geologe, der schon einige praktische Erfahrungen auf dieser Insel gesammelt hatte.

Mein Plan war es, von Norden den Baliem-Fluß entlang bis zur Südküste zu gehen. Zu meinem üblichen Expeditionsgepäck gehörte diesmal auch noch Segelhandwerkszeug, denn ich wollte bei der zu befürchtenden und dann auch erfolgten Invasion der Indonesier notfalls die Möglichkeit haben, über das Arafura-Meer nach Australien zu flüchten.

Mit unseren Trägern, zehn Muju, zogen wir los. Zwei Tage marschierten wir auf bekanntem Gebiet, dann erreichten wir Neuland, das noch nie eines Weißen Fuß betreten hatte.

Die Entfernungen, die wir täglich zurücklegten, waren durch das ewige Auf und Ab und die vielen Talwindungen zwar sehr groß, in der Luftlinie aber kaum mehr als 3 Kilometer, was für uns aber ca. 15 Kilometer anstrengenden Marsch bedeutete. Wir wußten sehr bald, was es heißt, eine Schlucht entlang zu gehen. Leider hatte ich auch noch mit argen Beinwunden zu kämpfen. Sie verschlimmerten sich stetig und wurden zu tropischen Geschwüren. Kratzer von Dornen waren zu tiefen Rinnen verkrustet, und aus kaum sichtbaren Saugstellen von Blutegeln hatten sich tiefe Löcher in der Haut gebildet. Unendlich viel haben wir in diesen nächsten Wochen gesehen und gelitten. Wir kamen durch regennasse Eichenwälder, wo es vor Blutegeln nur so wimmelte und wir uns nicht mehr die Mühe machten, sie abzustreifen, so wie wir auch unsere nassen Kleider nicht mehr trockneten. Wir kamen durch Dör-

fer, in denen unsere Ankunft durch den „Buschtelegraphen" längst angekündigt war. Häufig genug erwartete uns der Häuptling mit seinen Männern in bedrohlicher Haltung. Wir sahen Kinder, liebenswert wie überall auf der Welt, aber nichts war schwerer in diesen Dörfern der Baliem-Schlucht, als Frauen zu sehen. Erst als ich dem grausig-schön aussehenden Häuptling Bota erklärte, daß ich den Frauen glänzende, bunte Glasperlen schenken wollte, durfte ich in die Nähe des Frauenhauses. Ich gab ein großes Schweinefest und verweigerte mit diplomatischem Geschick die „Adoption" eines kleinen Papuakindes, das man mir ins Zelt brachte. Und schließlich mußten wir durch von Stammeskriegen bedrohte Gebiete, wo es nur eine Rettung gab: so schnell wie möglich hindurch, bevor sie merkten, wie machtlos wir gegen sie waren. Regen und Nässe waren unsere ständigen Begleiter. Gegen Ende der Expedition wateten wir bis zur Hüfte im Wasser durch Kanäle und Flußarme. Oft waren sie so tief, daß wir nicht mehr durchkamen und nach bewährter Art einen großen Baum als Brücke schlagen mußten. Schließlich, als es immer hoffnungsloser wurde, machten unsere Träger den Vorschlag, ein Floß zu bauen, auf dem wir dann weiter flußabwärts trieben.
Nach Wochen primitivsten Lebens, nach Wochen härtester Entbehrung unter den Lebensbedingungen von Steinzeitmenschen, hatten wir schließlich die Südküste Neuguineas erreicht und somit wieder Kontakt zur Zivilisation. Ein holländischer Offizier aus Agats war ihr Sendbote: „Welcome to Asmat!" rief er uns entgegen und versprach uns ein Regierungsboot, das uns in etwa drei Tagen von Agats durch das Arafura-Meer nach Merauke bringen würde. Von dort ging es dann mit dem Flugzeug nach Hollandia.

An der Küste, wo wir noch einige Tage auf unser Boot warteten, liefen die Papuas völlig nackt herum, und ich bin auch überzeugt, daß einige von ihnen noch Kannibalen waren. Aber da ich den Dialekt hier nicht beherrschte, war es auch nicht möglich, mit ihnen darüber zu sprechen.
Das Erlebnis einer großen Expedition ist immer ein doppeltes: zuerst das Sammeln von Eindrücken, Beobachtungen, Wissen und Material, und dann, zu Hause, das Auswerten, Ordnen und Überdenken des Erlebten. Vielleicht war es eine der Erkenntnisse dieser Expedition, daß es nicht unbedingt nötig ist, am Wettrennen zu den Planeten teilzunehmen, um ein Abenteuer zu erleben. Es gibt noch so viele weiße Flecken auf unserer guten alten Erde, die zu erforschen sicher Erkenntnisse bringt, Erkenntnisse auch über sich selber.
Und noch etwas wurde mir klar: Die Methoden von Eroberern sind geschickt und vielfältig. Eine davon ist der freiwillige Zwang: Man schenkt dem sogenannten Primitiven Dinge, die er bisher weder gebraucht noch gewollt hat. Aber nur einer bekommt so ein Geschenk – einen Metalltopf, ein Messer, eine Handvoll Tabak. Um ebenfalls beschenkt zu werden, müssen die anderen etwas tun, z. B. arbeiten. Diese Leute müssen sich also plötzlich anstrengen, um etwas zu bekommen, das früher völlig überflüssig war. Sie tun dies, weil die soziale Gleichheit innerhalb des Stammes erst dann wiederhergestellt ist, wenn jeder so ein neues, unbekanntes Ding besitzt.
Eine Bestätigung dieser Theorie habe ich hier in Neuguinea gefunden: Ein Papua hatte einen Mord begangen und war mit dem Flugzeug von den Holländern zur Gerichtsverhandlung weggebracht worden. Er hat natürlich nie verstanden, warum man ihn für die nach den Sitten seines Stammes selbstverständliche Tötung verurteilte. Als er nach Verbüßung seiner Strafe in die Heimat zurückkehrte, wurde er zum Häuptling gewählt, denn er war im Flugzeug geflogen, hatte Dinge gesehen und beigebracht bekommen, von denen die anderen nicht einmal träumen konnten.

West-Neuguinea – Expedition zum Carstensz-Gebirge: 1½ Tage dauerte der Bau einer Brücke über den reißenden Fluß

Seite 78/79:
Nach tagelangen Märschen durch dichten Urwald bekommen wir endlich die eisbedeckten Gipfel des Carstensz-Gebirges zu Gesicht

Seite 80:
West-Neuguinea, Baliem-Schlucht. Bei meiner Durchquerung der Insel von Norden entlang dem Baliem-Fluß zur Südküste, betrat ich unerforschtes Land

Auf dem Weg zur Quelle der Steinäxte brach ich mir bei einem Sturz in einen Wasserfall mehrere Knochen

In Yä-Li-Me erlebte ich, wie Steinzeitmenschen ohne Werkzeug härtesten Stein für ihre Äxte brachen

Seite 84/85:
Papua-Frauen tragen ihre Kleinkinder in einem aus Orchideenfasern geknüpften Netz, in dem auch die Feldfrüchte oder die Schweine befördert werden. Die aufgeblähten Bäuche der Kinder deuten auf einseitige Ernährung. Das rare Schweinefleisch ist Festmahl der Bergpapuas, viel gegessen werden die roten Samen der Pandanußpalme, die ähnlich schmecken wie Schweinefett

Seinen Sohn wollte mir der Häuptling vom Stamm der Wano zum Geschenk machen, und ich brauchte viel diplomatisches Geschick, die „Adoption“ abzuwenden

S. 87:
Im Hochland von Neuguinea ist Salz rar und kostbar. Es wird gewonnen, indem Blätter mit dem Wasser salzhaltiger Quellen getränkt, getrocknet und verbrannt werden, die Asche ergibt dann das Salz

Für den Papua stellten diese Steinäxte und „Brautketten" aus Kaurischnecken ein Vermögen dar. Der Besitz mehrerer Frauen ist Zeichen von Wohlstand und erhöht das Ansehen. Die Bilder links und ganz oben zeigen Südküsten-Papuas am Arafura-Meer; die Waffe ist der Unterkiefer eines Krokodils

Beim Sing-Sing, einem Treffen aller Stämme in Papua-Neuguinea werden zur Festbemalung Lehm, Ruß, Schweinefett und Erdfarben verwendet. Den Kopf schmücken bunte Federn. Für den Nasenschmuck wird während der Initiation das Nasenseptum durchstochen. Im Bild links einer der Schlamm-Männer. Beschmiert mit Ton und mit einer Gesichtsmaske aus der gleichen Masse, erinnern sie in einer Zeremonie an folgende Geschichte: Einst habe sich ihr Stamm vor seinen Todfeinden in einen Fluß geflüchtet, um dann, von Kopf bis Fuß mit Schlamm beschmiert, ans Ufer zu klettern. Die Gegner hielten diese Gestalten für Dämonen und flüchteten

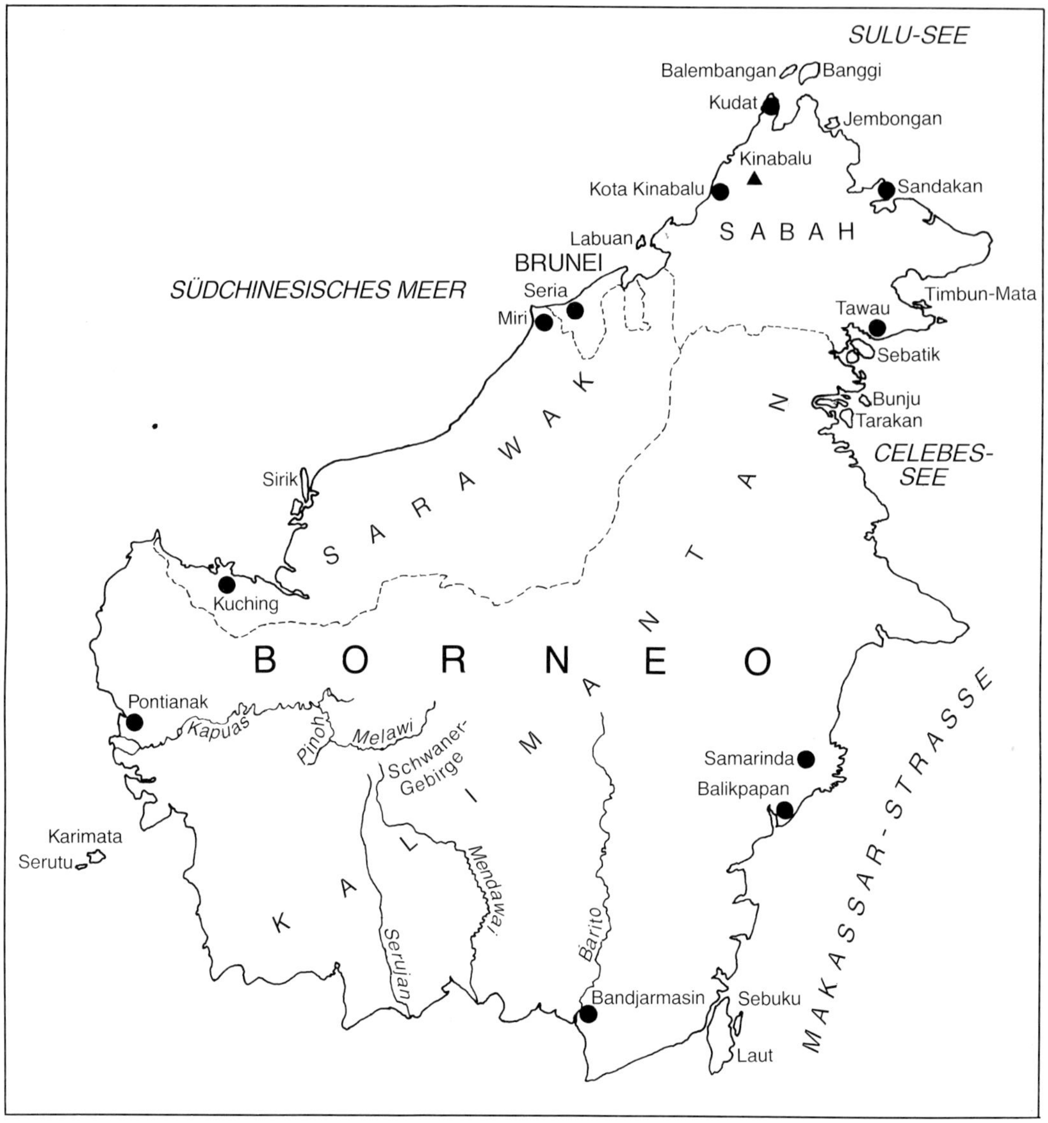
SULU-SEE
Balembangan
Banggi
Kudat
Jembongan
Kinabalu
Kota Kinabalu
Sandakan
Labuan
S A B A H
BRUNEI
SÜDCHINESISCHES MEER
Seria
Miri
Timbun-Mata
Tawau
Sebatik
Bunju
Tarakan
CELEBES-
SEE
S A R A W A K
Sirik
Kuching
B O R N E O
K A L I M A N T A N
Pontianak
Kapuas
Pinoh
Melawi
Schwaner-
Gebirge
Samarinda
Balikpapan
MAKASSAR-STRASSE
Karimata
Serutu
Mendawai
Serujan
Barito
Bandjarmasin
Sebuku
Laut

Borneo

Wer hat nicht schon einmal einen unliebsamen Menschen in jenes Land gewünscht, wo der Pfeffer wächst! Nur, wieviele hätten gewußt, daß damit Borneo gemeint ist? Im Norden Borneos, in der Provinz Sarawak, liegen die größten Pfefferplantagen der Welt. Columbus, der diese begehrte Gewürzart finden wollte, entdeckte statt dessen Amerika.

Mein Expeditionsziel war es nun freilich nicht, nach Pfeffer zu suchen, ich hatte mir ganz andere Aufgaben gestellt: Ich wollte die drittgrößte Insel der Welt durchqueren, den Kinabalu besteigen und vor allem die Ahnenpfähle der Ureinwohner, der Dajak, im Dschungel finden.

Der größte Teil der Insel gehört zur Indonesischen Republik und heißt Kalimantan. Verständlich, daß die Eingeborenen mit dem Namen Borneo wenig anzufangen wissen. Die meisten der fünf Millionen Einwohner leben an der Küste, insbesondere an den Flußmündungen. Das Innere des Landes ist nur spärlich besiedelt. Die gebirgige Insel ist vollständig von einem dichten Urwald bedeckt, aus dessen geschlossenem, dunkelgrünem Dschungelteppich mit seiner üppigen Vegetation nur der höchste Berg, der Kinabalu, herausragt.

Aus der Literatur wußte ich, daß der Mannheimer Forscher Schwaner vor 130 Jahren als erster Weißer das nach ihm benannte Schwaner-Gebirge im Zentrum der Insel von Süden nach Norden durchquert hatte. Ich wollte das gleiche in umgekehrter Richtung, also von Norden nach Süden, tun. Dr. Schwaner, ein hervorragender junger Forscher, starb leider schon mit 34 Jahren in Djakarta, damals Batavia, an den Folgen einer schweren Tropenkrankheit. Liest man die Tagebücher der Forscher vergangener Jahrhunderte, muß man voller Hochachtung ihre Leistungen bewundern. Natürlich gab es noch Kannibalismus und Kopfjägerei, aber vor allem stand diesen Männern keinerlei vorbeugende oder heilende Medizin zur Verfügung. Nichts schützte sie z. B. vor der Malaria, und mit Temperaturen von 39 Grad Fieber marschierten sie zwischen den Fieberstößen durch den feuchten Dschungel. Wir dagegen haben schützende Injektionen, Luftbilder von unerforschten Gebieten und oft gut gezeichnete Landkarten. Und dennoch sind auch heute für derlei Unternehmungen Erfahrung und gründliche Vorbereitung unbedingt erforderlich.

Meine Hoffnung war, bei der Durchquerung im Innern des Landes Stämme zu finden, die noch den animistischen Ahnenkult pflegten. Zunächst fuhren wir mit kleinen Booten, die mit Stangen und Paddeln vorwärts bewegt wurden, den Melawi-Fluß langsam aufwärts. Unsere Bootsleute waren sehr geschickt und kannten den Fluß genau. Es waren Dajak, wie die Urbevölkerung Borneos genannt wird. Das Wort „Dajak" stammt aus dem Malaiischen und ist eine Sammelbezeichnung für die alten Stämme Borneos. Sie sind von kleinem Wuchs, jedoch athletisch gebaut und haben eine dunkle Hautfarbe und schwarzes, glattes Haar. Sie sind als Träger bei Expeditionen und als hervorragende Bootsfahrer geschätzt. Auch wir machten gute Erfahrungen mit Dajak. Mit erstaunlichem Geschick meisterten sie die vielen Stromschnellen, die wir passieren mußten.

Wie bei allen meinen Expeditionen mit Trägern, bestand ich auch diesmal auf regelmäßige Pausen. Es ist ein Prinzip von mir, alle drei bis vier Tage einen Rasttag einzulegen. Den Zeitverlust holt man leicht wieder auf, wenn alle ausgeruht sind und mit frischem Schwung den Weg fortsetzen.

Unsere Hauptnahrung bestand neben Reis vor allem aus getrocknetem Fisch und jungen Bambusschößlingen, die es überall gab und die wir im Feuer brutzelten. Sehr vorsichtig muß man im Dschungel mit wilden Früchten sein, aber unsere Dajak kannten sich gut aus und brachten uns alle möglichen Köstlichkeiten. Ich

habe es mir zur Gewohnheit gemacht, auf Reisen immer das zu essen, was die Eingeborenen zu sich nehmen. Jedes Kilo Gepäck mehr erfordert zusätzliche Träger, die ja auch wieder versorgt werden müssen, und so entstehen dann diese „Mammut-Expeditionen“, die ich stets vermieden habe. Mein Vorbild war eher der berühmte englische Forscher Tilmann, der prinzipiell nur zwei Dinge für seine Ernährung mitnahm: einen Becher (mug) für Suppe, Reis, Brei und Tee und einen Löffel. Ich halte es nun schon seit fünfzig Jahren so ähnlich, nehme aber als drittes noch etwas Salz mit und bin damit immer gut durchgekommen.
Zum Reisegepäck gehören natürlich immer Kontaktgeschenke, deren Auswahl von großer Wichtigkeit ist. Dabei ist vielerlei zu bedenken: Welche Farbe sollen z. B. Perlen haben? Hätten die Eingeborenen lieber Scheren, Messer oder Angelschnüre? Derlei ist nicht nur von Land zu Land, sondern auch von Stamm zu Stamm verschieden.
Bei den Dajak spielen Abwehrzeichen eine große Rolle. Borneo war geradezu eine Fundgrube der interessantesten magischen Gegenstände. Nirgendwo sonst auf der Welt habe ich eine derartige Fülle davon gesehen wie bei den Dajak. Ihr Glaube an die schützende Kraft solcher Symbole ist so stark, daß sie überzeugt sind, mit einem ihrer vielen Amulette sogar gegen Schüsse gefeit zu sein.

Oft werde ich gefragt, wie ich mich mit den vielen Stämmen, die ich im Laufe meines Lebens besucht habe, verständigen konnte. Es ist dringend notwendig, sich einen bestimmten Wortschatz der jeweiligen Sprache anzueignen. Ich habe inzwischen herausgefunden, daß etwa 50 bis 100 Begriffe für eine oberflächliche Verständigung genügen. Auf den ersten Seiten meines Expeditionstagebuches fertige ich mir ein Vokabular an, das Wörter wie gestern, heute, morgen, Wasser, Feuer, Kälte, Holz sowie die Zahlen eins bis zehn enthält. Diese lerne ich auswendig, und wenn man einige Wochen und Monate mit den Menschen gelebt hat, bestehen fast keine Verständigungsschwierigkeiten mehr.
Weiter ging unsere Durchquerung, immer auf der Suche nach jenen sagenhaften Ahnenpfählen, die ich erforschen wollte. Lange Strecken meinte man, mit dem Boot durch einen endlosen Tunnel zu fahren. Wo sich die Äste der mächtigen Urwaldbäume von beiden Uferseiten in der Mitte zu einem geschlossenen Dom vereinigten, war es oft so dunkel, daß wir kaum filmen konnten. Ganze Affenherden turnten in den Baumkronen, doch konnte man sie meist nur durch ihr Gekreische wahrnehmen, zu sehen waren sie durch das dichte Blattgrün nicht.
Die ersten Anzeichen, daß es Ahnenpfähle geben mußte, fand ich in Sumpak, wo ich auf geschnitzte Holzbretter stieß, deren Symbole ohne Zweifel animistischen Ursprungs waren. Sie bestätigten mir, daß ich auf dem richtigen Weg war. Es ging weiter bergauf und bergab, denn wir waren mitten im Schwaner-Gebirge. Etwa 100 Meter vor einem kleinen Dorf entdeckte ich die ersten Ahnenpfähle. Obwohl ich seit Tagen danach Ausschau gehalten hatte, ergriff mich eine unbeschreibliche Erregung, als ich sie im dichten Dschungel vor mir stehen sah.
Meine Überraschung wurde noch größer, als wir das nächste Dorf erreichten, denn dort gab es ganze Alleen von Ahnenpfählen, und an den frisch geschnittenen, neuen Figuren konnte ich erkennen, welche besonderen Eigenschaften oder welcher Beruf für den Verstorbenen typisch gewesen waren.
Es ist an sich eine über die ganze Erde verbreitete Sitte, verstorbene Vorfahren zu verehren. Hier, bei den Dajak auf Borneo, ist der Ahnenkult jedoch noch wesentlicher Bestandteil ihrer Religion. Ihr Denken wird bestimmt von der Angst vor der Rache der Ahnen, deren Seelen im Dorf weiterleben. Ihnen als Animisten ist die Existenz geistiger Wesen selbstverständlich. Und wie die Natur und deren Kräfte beseelt sind, so können tote Dinge wie z. B. Vasen, Töpfe oder Pfähle ein Eigenleben haben.
Ich hatte mein Ziel erreicht: Ich hatte die

Bei den Dajak ist der Ahnenkult noch wesentlicher Bestandteil ihrer Religion. So leben auch in den aus Holz geschnitzten Ahnenpfählen, „Tödjahan“ genannt, die Verstorbenen weiter

Ahnenpfähle oder Tödjahans, wie die Dajak sie nennen, gefunden, und so konnte ich meine Durchquerung der Insel weiter fortsetzen. Kurz vor der Überschreitung des Schwaner-Gebirges trafen wir wieder auf die unangenehmsten Begleiter unserer Fußmärsche, die Blutegel. Sie machten uns sehr zu schaffen, denn nicht nur wenn man stehenbleibt, auch beim Gehen arbeiten sie sich durch die Ösen der Stiefel, Kleider und alle Ritzen an den Körper heran, sie lassen sich unbemerkt von den Bäumen fallen. Alle empfohlenen Abwehrmaßnahmen wie Salz, Tabak oder Essig sind auf solchen Expeditionen nicht anwendbar, dazu muß man stehenbleiben, und während man den einen entfernt, gibt man zehn anderen die Gelegenheit, sich festzusaugen. Die beste Methode ist, man ignoriert sie, denn wenn sie vollgesogen sind, fallen sie von alleine ab.
Nach der Wasserscheide fuhren wir kleine Bächlein hinab und wußten oft nicht, in welches Flußsystem sie fließen würden. Dabei waren sie unsere einzigen Orientierungshilfen. Die Entscheidung, diesem oder jenem Bach zu folgen, konnte einen Umweg von vielen Tagen bedeuten. Aber gerade das herauszufinden, ist ja auch eine der Aufgaben des Forschers, und die vor einem liegende Ungewißheit ist mit einem großen Reiz verbunden und das Abenteuer im guten Sinn.
Spricht man irgendwo auf der Welt von Borneo, denkt jeder gleich an Kopfjäger und Orang-Utans. Für mich sind es mehr die Langhäuser, die auch heute noch typisch für die Dajak sind. Fragt man die Einwohner, wie groß ihr Dorf sei, so antworten sie z. B., das Langhaus habe 24 Türen; damit meinen sie, daß 24 Familien darin leben. Denn wenn die Dajak auch als Kommune unter einem Dach leben, gemeinsam den Urwald roden, auf die Jagd gehen oder Krieg führen, wird im Langhaus die Individualität der einzelnen Familien respektiert.
Die Dajak sind hervorragende Jäger. Jagdbares Wild gibt es genug. Wildschweine, Affen, Vögel und eine kleine Hirschart erlegen sie mit großem Geschick: mit einem Blasrohr, das sie Sumpitan nennen. Der kleine Giftpfeil wird fast geräuschlos abgeschossen und trifft sein Ziel auch auf Distanzen von 50 Meter mit bewundernswerter Sicherheit. Die Blasrohre sind zwei bis drei Meter lang und haben einen Durchmesser von ein bis zwei Zentimeter. Bei ihrer Herstellung wird mit großer Kunstfertigkeit und Präzision gearbeitet. Zum Schluß wird der Lauf mit einer langen Rotangsehne poliert. Niemals wird man einem Dajak begegnen, der nicht noch zusätzlich ein Buschmesser trägt, unentbehrliches Werkzeug auch im täglichen Leben.
Obwohl ich schon viele Boots- und Floßfahrten in Südamerika, Afrika oder Neuguinea gemacht habe, jene Fahrten durch die traumhaften Flußlandschaften Borneos zählen zu meinen schönsten. Riesige Blütenstauden, die betäubend und schwer duften, und oft 60 Meter hohe Bäume säumen die Ufer. Mit etwas Phantasie könnte man sich so den Garten Eden vorstellen.
Einmal schlugen wir ein Lager in der Nähe eines Orang-Utan-Reservats auf, wo wir diese vom Aussterben bedrohten Tiere in Ruhe beobachten konnten. Die Einstellung der Dajak zum Orang-Utan, was übrigens „Waldmensch“ bedeutet, ist sehr unterschiedlich. Die einen verehren ihn als Freund und würden ihn nie töten, die anderen töten ihn, um aus ihm Zaubermedizin herzustellen. Heute hat die Regierung die Tiere unter Schutz gestellt, und man hofft, den Fortbestand der Orang-Utans zu sichern.
Ein sehr auffallendes Merkmal der an der Küste lebenden Dajak ist ein Ohrschmuck der Männer und Frauen, dessen Gestaltung schon im Säuglingsalter begonnen wird. Dem Kleinkind werden Löcher in die Ohrläppchen geschnitten, durch welche Ringe gezogen werden. Immer wieder kommen neue dazu und durch das Gewicht werden die Läppchen länger und länger, bis sie die Brust erreichen und oft auch reißen. Ich habe Frauen gesehen, die 30 und mehr Ringe an den Ohren hatten. Inzwischen gibt es

viele junge Mädchen, die diese Art Schmuck nicht mehr tragen wollen und sich von einem Arzt an der Küste die überdehnten Ohrläppchen abschneiden und vernähen lassen.
Von den Dajak lernte ich auch, wie man sich leicht sauberes Trinkwasser beschaffen kann: In gewaltige Bambusstämme werden zwischen den Wachstumsstellen Kerben gehackt und so kann man mehrere Liter köstliches, kühles Wasser (mit Strohhalm oder einem kleinen Bambusröhrchen) heraussaugen. Oder man schlägt eine Liane in Mannshöhe schräg ab und läßt sich die Flüssigkeit in den Mund laufen.
Kopfjagd, früher wahllos und grausam betrieben, gehört heute zum Glück der Geschichte an, wenngleich man in den Langhäusern noch immer die Schädeltrophäen früherer Zeiten sieht.
Die Seelen jener Toten, die durch Kopfjagd umkamen, gelten als die rachsüchtigsten. Sie bewohnen die Gipfel der Berge, vor allem natürlich den Kinabalu, den höchsten Berg Borneos. Er war die letzte Etappe meiner Reise und erschien mir durch die verschiedenen Klimazonen als ein wahres Paradies. Für die botanischen Forschungen König Leopolds von Belgien, der an diesem dritten Abschnitt der Expedition teilnahm, war es geradezu ein Eldorado. Dutzende von fleischfressenden Pflanzen, den Nephenthis oder Kannenpflanzen, wuchsen hier in nie zuvor gesehener Pracht und Üppigkeit. Wenn man Glück hatte, entdeckte man auch eine Rafflesie (Riesenblume), deren Blütendurchmesser fast einen Meter erreichen kann.
Bei schlechtem Wetter begannen wir den Aufstieg, wie ich es bei allen hohen Gipfeln in Äquatornähe gemacht habe. So war die Chance – ich habe es bereits erwähnt –, den höchsten Punkt bei klarer Sicht zu erreichen, am größten.
Der Kinabalu ist 4.101 Meter hoch und wurde 1851 von dem Engländer Hugh Low zum ersten Mal bestiegen. Da der Gipfel im Glauben der Dajak Sitz der Toten ist – ähnlich wie der Himalaja Thron der Götter –, hatte er große Schwierigkeiten, Träger zu finden. Nur unter der Bedingung vorheriger Blutopfer und daß sie ganze Bündel von Abwehrzeichen mitnehmen durften, fand er die notwendigen Begleiter.
Wir hatten zuerst ein schaurig-schönes Wetter. Nebelfetzen fegten durch die fahlen Bartflechten der Bäume, und der Sturm heulte vom Chinesischen Meer herauf. Eine unheimliche Atmosphäre. Seither kann ich verstehen, daß die Eingeborenen so hohen Respekt vor diesem Berg haben.
Als wir die großen Granitplatten oberhalb der Vegetationsgrenze erreichten, hatte sich das Wetter schon gebessert. Der Aufstieg bis zum Gipfel war für einen geübten Bergsteiger nicht schwer, außerdem gab es an den steilsten Stellen bereits Hilfsseile. Nach einem Biwak erreichten mein einheimischer Begleiter aus Sabak und ich bei klarem Wetter um 10 Uhr morgens den Gipfel. Das mitgenommene Thermometer zeigte trotz Äquatornähe nur null Grad Celsius an. Wir hatten also in kurzer Zeit einen Temperaturunterschied von 40 Grad Celsius erlebt.
Tief unter mir lag auf der nördlichen Seite das Südchinesische Meer und gegen die Philippinen hin das Sulu-Meer. Alle meine Wünsche und Hoffnungen waren auf dieser Forschungsreise, die eine meiner interessantesten war, in Erfüllung gegangen.

Der große Temperaturunterschied – tropische Hitze am Fuße des Kinabalu und Minusgrade am Gipfel des höchsten Berges von Borneo (4101 m) – läßt diese pilzförmige Wolke entstehen

Die Dajak sind hervorragende Jäger: Mit einem Blasrohr schießen sie kleine Giftpfeile, die auch in fünfzig Meter Entfernung ihr Ziel (Vögel, Wildschweine, Affen und eine kleine Hirschart) mit Sicherheit treffen

Einst gehörten die seit dem Säuglingsalter ausgeschnittenen, ausgedehnten, mit vielen Ringen geschmückten Ohrläppchen zum Schönheitsideal der Küsten-Dajak, heute gibt es aber viele junge Mädchen, die sich von einem Arzt die überdehnten Ohrläppchen wieder abschneiden und vernähen lassen

Mädchen vom Stamme der Laya-Halbnomaden in Nord-Bhutan interessieren sich für meine Kamera

LÄNDER UND MENSCHEN IM HIMALAJA

Das Königreich Bhutan

Wiedersehn mit Lhasa

Ladakh und die Feierlichkeiten anläßlich der Wiedereinsetzung des Rinpotsche Drigung Tschetsang

Sherpa Tenzing Norgay, ein Pionier des Himalaja

Religion, Medizin und Schamanismus

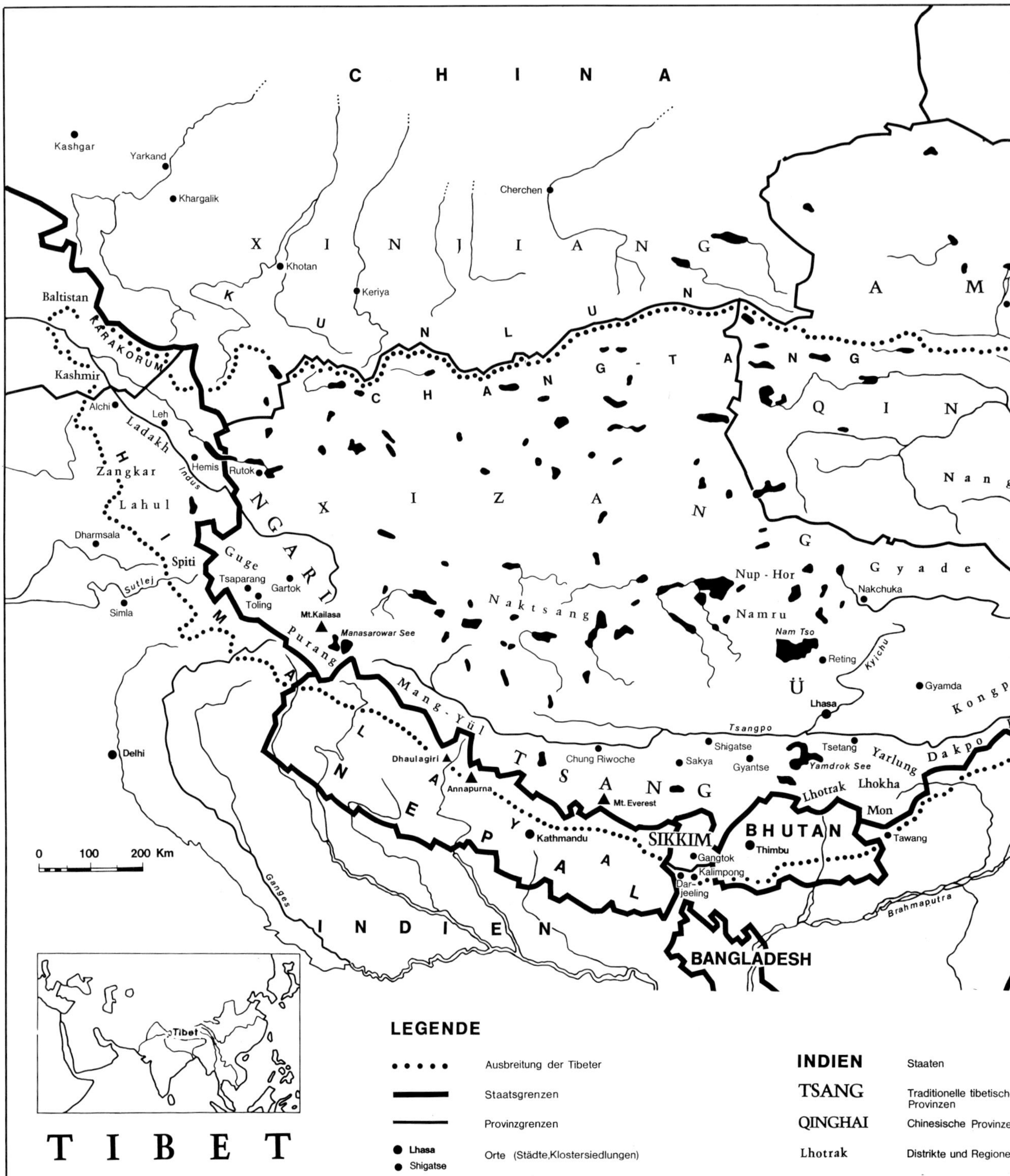
C H I N A
Kashgar
Yarkand
Khargalik
Cherchen
X I N J I A N G
Khotan
Keriya
K U N L U N
A M
Baltistan
KARAKORUM
Kashmir
Alchi
Leh
Ladakh
Hemis
Rutok
Indus
Zangkar
Lahul
H I M A L A Y A
C H A N G - T A N G
Q I N G H A I
X I Z A N G
N G A R I
Nang
Dharmsala
Spiti
Guge
Tsaparang
Gartok
Toling
Sutlej
Simla
Mt.Kailasa
Manasarowar See
Purang
Naktsang
Nup - Hor
Gyade
Nakchuka
Namru
Nam Tso
Reting
Kyichu
Gyamda
Ü
Lhasa
Kongpo
Mang - Yül
Tsangpo
Shigatse
Tsetang
Yarlung
Dakpo
Delhi
Dhaulagiri
Annapurna
Chung Riwoche
Sakya
Gyantse
Yamdrok See
T S A N G
Mt. Everest
Lhotrak
Lhokha
Mon
N E P A L
Kathmandu
SIKKIM
BHUTAN
Thimbu
Tawang
Gangtok
Kalimpong
Dar-jeeling
0 100 200 Km
Ganges
I N D I E N
Brahmaputra
BANGLADESH
Tibet
T I B E T
LEGENDE
Ausbreitung der Tibeter
Staatsgrenzen
Provinzgrenzen
Lhasa
Shigatse
Orte (Städte,Klostersiedlungen)
INDIEN Staaten
TSANG Traditionelle tibetische Provinzen
QINGHAI Chinesische Provinzen
Lhotrak Distrikte und Regionen

Länder und Menschen im Himalaja

„Das ist die Einsiedelei, Burg der Erleuchtung genannt. Oben ragt der weiße hohe Gletscherberg mächtiger Geister. Unten stehen viele gläubige Gabenspender. Der Berg hinter mir ist mit einem weißen Seidenvorhang bedeckt. Vor mir dehnen sich wunschstillende Wälder aus. Da sind große und weite Rasengründe und Matten. Auf den duftenden lieblichen Blumen schweben summend die sechsfüßigen Insekten. Am Strand der Teiche und Weiher späht der Wasservogel, den Hals drehend. Im weit verästelten Gezweig der Bäume singt lieblich die schöne Vogelschar. Vom düftetragenden Winde bewegt, wiegen sich die Zweige der Bäume tanzend hin und her. Im Wipfel der hohen, weit sichtbaren Bäume zeigen Affen und Äfflein ihre mannigfachen Geschicklichkeiten. Auf dem grünen, weichen, weiten Wiesenteppich breitet sich weidend vierfüßiges Vieh hin. Die das Vieh hütenden Hirten singen und entlocken der Flöte liebliche Töne. Die Knechte weltlicher Habsucht stapeln auf dem Boden ihre Waren auf. Wenn ich, der Yogin, darauf hinabschaue, von meinem weithin sichtbaren Felsen, betrachte ich die vergänglichen Erscheinungen als ein Gleichnis. Die sinnlichen Genüsse sehe ich als ein Spiegelbild im Wasser an. Dieses Leben halte ich für die Täuschung eines Traumes. Gegen die Unverständigen hege ich Mitleid. Den leeren Raum nehme ich zur Speise, ungestörter Kontemplation weihe ich mich. Wie alle Bilder, die in unserem Geiste aufsteigen, ach, nach dem Gesetz des Kreislaufs der drei Welten nicht vorhanden sind, so auch nicht die herrlichen Erscheinungen der Welt."

Übersetzung aus dem Tibetischen: Berthold Laufer, 1922

Milarepa, der große tibetische Lyriker des 12. Jahrhunderts, hat in diesem Gedicht all das ausgedrückt, was ein Mensch im Angesicht des gewaltigen Himalaja empfindet – schöner kann man es nicht sagen.

Im Laufe von 50 Jahren sind mir die Länder um den Himalaja zur zweiten Heimat geworden. Seit meinem ersten Aufenthalt in Tibet hat es kein Jahr gegeben, in dem ich nicht einen oder mehrere Himalaja-Staaten besucht habe. Ich kenne die Menschen, spreche ihre Sprache und habe dort überall gute Freunde.

Daß ich über den Himalaja nach Tibet, das Land meiner Jugendträume, fliehen würde, stand für mich vom ersten Tag meiner Gefangenschaft an fest. Der Flucht über 65 Himalaja-Pässe, die zwei Jahre dauerte, folgte, wie ich in meinem Buch „Sieben Jahre Tibet" ausführlich beschrieben habe, eine herrliche Zeit. Die Jahre, die ich mit diesen fröhlichen, intelligenten Menschen verleben durfte, gehören zu den wichtigsten meines Lebens: Sie haben mich geformt und mich Gelassenheit und Geduld gelehrt. Ich ahnte damals nicht, daß diesen abenteuerlichen und glücklichen Erfahrungen dreißig Jahre später sehr ernste und traurige folgen würden. Ich habe sie in „Wiedersehn mit Tibet" festgehalten. Hatte ich mich mit meinem ersten Bericht über Tibet bedanken wollen für eine Gastfreundschaft und Hilfe einem armen Flüchtling gegenüber, wie man sie bei fremden Völkern nur selten findet, so fühlte ich mich dreißig Jahre später verpflichtet, die Wahrheit zu sagen. Die Welt sollte erfahren, was die Rotchinesen dem friedliebenden Volk der Tibeter angetan hatten. 99 Prozent aller Kulturgüter Tibets wurden von den Mao-Chinesen nach ihrer ungerechtfertigten Invasion vernichtet. Klöster, Burgen, kostbare Altäre und goldene Statuen, Fresken, alles fiel den zerstörungs-

Unter dem Potala in Lhasa, wo seinerzeit die Mönche durch blühende Gärten gingen, umringten mich bei meinem Wiedersehn nach drei Jahrzehnten junge Tibeter in chinesischer Kleidung; anstatt der Wiesen, Bäume und Teiche fand ich barackenartige häßliche Bauwerke vor

wütigen Soldaten zum Opfer. Tibeter, die sich zur Wehr setzten, wurden hingerichtet, der Dalai Lama mit hunderttausend seiner Getreuen aus dem Lande vertrieben. Ich mußte mir das alles von der Seele schreiben nach meinem zweiten so deprimierenden Besuch in Lhasa und den zerstörten Klöstern der Umgebung. Ich mußte es auch schreiben, damit die Welt die Tibeter nicht vergißt und ihre alte Kultur lebendig bleibt.

Daß die chinesische Regierung nach diesem Buch „Wiedersehn mit Tibet" und drei Fernsehsendungen mein Gesuch, den heiligen Berg, den Kailas, besuchen zu dürfen, ablehnte und die Einreise in ihr Land verweigerte, erfüllt mich mit Genugtuung. Die Wahrheit ist offenbar auch für ein so mächtiges Land nur schwer erträglich.

Um tibetische Menschen und Kultur zu erleben, muß man nicht in das zerstörte Tibet. Es gibt noch Gegenden, in denen man all dies auch heute noch finden und studieren kann. Ladakh, Nepal, Sikkim und vor allem Bhutan sind inzwischen meine bevorzugten Reiseziele geworden.

Das Forscherglück meiner jungen Jahre hat sich gewandelt. War es in jungen Jahren einfach das Abenteuer, das ich rund um die Erde überall gesucht habe, so liebe ich es jetzt, jedes Jahr eine Zeit lang in den Himalaja-Ländern zu leben, um immer wieder Neues zu entdecken. War es mir früher wichtig, unberührte Gipfel zu besteigen, Yä-Li-Me, die „Quelle der Steinäxte", zu entdecken, einen unbekannten Stamm zu erforschen, so finde ich im Alter Glück und Befriedigung im Vertiefen und Gewinnen neuer Erkenntnisse. Ich sehe heute auch die Dinge am Rande, an denen ich früher eher achtlos vorüberging und lerne auf jeder meiner Reisen dazu. Ich muß nicht mehr eine Insel durchqueren, sondern habe Zeit, bei den Menschen zu verweilen. Ihnen bei der Arbeit zuzusehen, mit ihnen die Jahreszeiten zu erleben, ist meine Freude.

Frühling in Bhutan! Die Rhododendren erfüllen die Landschaft mit den buntesten Farben; wohin man schaut, leuchten einem diese herrlichen Blüten entgegen. Dazu pralle Magnolien, zauberhafte Orchideen, Gesundheit spendende Kräuter und Farne. Zwischen Enzian, der so blau ist wie der mittägliche Himmel, lila Stiefmütterchen und viele Primelarten. Ich habe Bhutan zu jeder Jahreszeit besucht. Ich bin in den Tälern gewandert und hoch hinauf in die Berge gestiegen, um dieses Blumenparadies immer wieder neu und anders zu entdecken.

Hier ging sogar ein Jugendtraum in Erfüllung. Schon als Student in Graz wollte ich die „Blaue Blume" finden, die hinter den Bergen im Verborgenen blüht – so ähnlich wie Novalis seinen Heinrich von Ofterdingen als Ausdruck seiner jugendlichen Sehnsucht die Blume der Romantik suchen läßt: „Überall Quellen und Blumen und unter allen Blumen gefiel mir eine ganz besonders, und es kam mir vor, als neigten sich die anderen gegen sie. War sie nicht blau?..." Nach vierzig Jahren habe ich tatsächlich meine „Blaue Blume" gefunden, hier in Bhutan: den blauen Mohn, der nach seinem Entdekker, meinem Freund Lt. Col. F. M. Bailey, Meconopsis baileyi genannt wird. Die Königin aller Himalajablumen! Man sagt, die Blume habe das Blau des Himmels am frühen Morgen, und wahrhaftig, nie habe ich ein strahlenderes Blau gesehen; und in der Mitte der Blüte diese warmen goldgelben Staubfäden.

Ich ließ mich auf all meinen Bhutan-Reisen vom Zauber dieses Landes gefangennehmen, das von Touristen noch wenig berührt ist. Ich lebte mit den Menschen, die unverdorben und ehrlich sind und stolz darauf, daß niemand in ihrem Land Not leiden muß. Ihre Verehrung für Padmasambhava, den großen Missionar aus Indien, der ihnen den Buddhismus gebracht hat, läßt sie das irdische Leben heiter und gelassen ertragen. Zeugen ihres Glaubens sind ihre gewaltigen Festungen, *Dzongs* genannt. Diese besuchte ich u. a. in Paro, Punakha und in der Hauptstadt Thimphu. Fresken mit tantrischen Szenen schmücken die Wände, und goldene Buddha-Statuen leuchten geheimnisvoll aus den Nischen. Gebetsfahnen, so weit das Auge blickt; verwaschen und fahl hört man sie im Winde knattern, und das Geräusch erinnert an das monotone Beten der Mönche während der Andacht. Neben den großen, Macht verkündenden Dzongs gibt es auch kleine, malerische Eremitagen, wie das Tiger-Nest, die hoch oben an einer Felswand kleben, dem Himmel noch ein Stück näher. Und oft kann man kaum glauben, daß auch dorthin noch ein Pfad führt, schmal, schwindelerregend und ausgetreten von den Füßen frommer Pilger und Mönche, die da oben ihren Göttern dienen. Anders als bei meinen Forschungsreisen zu den Steinzeitmenschen oder den Eingeborenen Afrikas, wo ich entdecke, arbeite, notiere, vermesse, kann ich hier genießen. Ich lasse die Farben auf mich wirken: Blau, Weiß, Rot und Schwarz, und komme fast ins Schwärmen. Beim Aufstieg und später in der Höhe sehe ich alles wie hinter einem Vorhang aus zartem grünem Tüll: Farne und Moose in allen Schattierungen, dahinter Schleier aus Lichen und Bartflechten, die sich wie Netze zwischen den Bäumen ausbreiten.

Männer kommen mir entgegen, in ihren langen, buntgestreiften Kleidern, auf dem Rücken Stämme von gelblichem Magnolienholz. Zum Abschied schenkt mir ein

kleines Mädchen einen Korb mit Blüten der Saussurea, die überall in den Bergen Bhutans wächst und als Medizin verwendet wird. Ich wünsche mir, wiederzukommen, wie ich es nun schon seit vielen Jahren tue.
Sikkim heißt auf tibetisch *„Dre-dschong"*, „Reistal"; und im Sanskrit bedeutet es soviel wie „Bergland". Eine Vielfalt von Völkern lebt in diesem nur 7.100 km^2 umfassenden Land, das bis 1975 von einem König regiert worden ist. Mich zog es schon deshalb dorthin, weil ich auf kleinstem Raum eine Vielfalt von Rassen studieren konnte, die dort friedlich miteinander leben. Die Mehrheit bilden die eingewanderten Nepali, es folgen Tibeter und etwa gleich viele Leptschas, die Urbevölkerung des Landes; die Inder und Bhutaner sind zahlenmäßig unbedeutend. Früher führte der wichtigste Handelsweg von Indien nach Lhasa über Sikkim. Die Karawanen waren wochenlang unterwegs, wie ich das selbst noch erlebt habe. Aus Indien brachten sie Tee, Baumwollstoffe, Rohzucker, Petroleum und andere Luxusgüter; in umgekehrter Richtung transportierten sie Salz und jährlich an die hunderttausend Ballen Schafwolle. Obwohl die Chinesen diesen Karawanenweg gesperrt haben, ist Gangtok, die Hauptstadt Sikkims, auch heute noch ein wichtiger Handelsplatz.
Mit Freunden habe ich manches Jahr Treckingtouren in diesem kleinen Himalajastaat gemacht. Wir waren am Ketschuperi-See, der für viele Buddhisten ein Pilgerziel vor allem im Winter ist, da an seinen Ufern kein Schnee liegt. In der völligen Einsamkeit dieses Ortes huldigten meine buddhistischen Begleiter ihrem Gott, entfachten ein Weihrauchfeuer, beträufelten ihre Haut mit Seewasser und tranken ein paar Schlucke davon. Wir besuchten Yuksum, den Ort, der übersetzt den schönen Namen „Die drei weisen Männer" trägt, und wanderten durch den regennassen Tropenwald hinauf in das 3.000 Meter hoch gelegene kleine Bergdorf Tsokha. Wo der Weg immer steiler wird, packten wir, um unsere Träger zu entlasten, für die nächsten tausend Höhenmeter unsere Lasten auf die geduldigen Rücken erfahrener Dzos; das ist eine zweckmäßige Kreuzung zwischen Yak und indischem Rind.
Je näher man der 5.000-Meter-Linie kommt, desto seltener werden die Blumen. Dafür gibt es weiter unten Orchideen in einer unvorstellbaren Vielfalt. Mehr als 500 Sorten sollen es sein, die teils am Boden oder in den Wipfeln hoher Bäume versteckt wachsen.
Am letzten Tag hatten wir noch ein großartiges Erlebnis. Wir beobachteten, wie die Sonne langsam über den Schneebergen Sikkims aufging und den Pandim, die Spitzen des Kangtschendzönga, des dritthöchsten Berges der Welt, in vollem Licht erstrahlen ließ. Angesichts dieser Größe und Schönheit kann ich verstehen, daß für das Volk von Sikkim der Kangtschendzönga Gott und Götterthron verkörpert und nur ungern die Erlaubnis gegeben wird, die höchste Spitze zu betreten. Einmal im Jahr wird zu Ehren dieses Gottes ein Fest veranstaltet: mit Schamanentänzen und Feuern, mit denen man das Böse vernichtet. Höhepunkt ist der Auftritt des Gottes selbst: in Form einer Maske, die den Rest des Jahres tief verborgen im Keller des Klosters ruht.
Eine der vielen größeren und kleineren Expeditionen in den Staaten des Himalaja führte mich zum östlichen Ursprung des heiligen Ganges. Ich wollte zum zweiten Mal an einem großen Fest der Hindus teilnehmen, das nur alle zwölf Jahre stattfindet. Dazu strömen etwa zwölf Millionen Gläubige nach Hardwar, jener Stadt, wo der Ganges aus den Schluchten des Himalaja in die Ebene hinaustritt. Ziel dieser Reise war für mich, mich intensiver mit dem Hinduismus und dem Leben der Yogis zu befassen. Meine Begleiter, Botaniker der Universität Brüssel, wollten wissenschaftliche Forschungsarbeiten in einem Hochtal durchführen, von denen auch ich zu lernen und zu profitieren hoffte.
Das Dorf Lata, in dem wir unser Forschungslager aufschlugen, liegt 3.000 Meter hoch. Seine Bewohner gehören zum Stamm der Garhwali – Indogermanen,

die rassisch mit den benachbarten Tibetern nichts gemeinsam haben. Große Ähnlichkeit entdeckt man hingegen bei ihren Sitten und Gebräuchen. Eine solche Übereinstimmung habe ich übrigens bei fast all meinen Expeditionen zu den Bergvölkern der Erde festgestellt, und ich führe sie auf die meist gleichen Lebensbedingungen zurück. Der recht mühsame Weg nach Lata, der immer wieder unterbrochen wurde durch Steinschlag und Erdrutsche, gab mir die willkommene Gelegenheit, mich mit den Pilgern zu unterhalten. Da ich im Gefangenenlager während des Krieges auch Hindi gelernt hatte, machte mir die Konversation keine Mühe. Die meisten der Pilger hatten bereits 300 und mehr Kilometer zurückgelegt, meist barfuß oder nur mit sehr unzulänglichem Schuhwerk bekleidet. Einige hatten die Füße voller Geschwüre und eiternder Wunden, die sie mit alten, schmutzigen Lumpen umwickelten. Manche von ihnen erreichten ihr Ziel nie. Die vielen Opferstätten am Wegrand bezeugten, daß hier ein besonders heiliger Mann gestorben ist. Diese frommen Menschen besitzen fast nichts. Eine Wasserflasche oder Teekanne, vielleicht noch eine alte Decke ist das einzige, was sie haben. Wir sahen Männer, die nackt durch die kalten Schluchten pilgerten oder hoch aufgerichtet im Gebet verharrten. Sie alle erhofften sich die Auflösung aller Leiden in Harmonie und Seligkeit und schließlich den Einzug ins Nirwana.

Abends im Zelt, als ich das Erlebte in meinem Tagebuch festhielt, fragte ich mich, was es wohl ist, das diese Menschen dazu treibt, ihr Heim zu verlassen, um diesen langen, beschwerlichen Weg zu den Pilgerstätten im Himalaja auf sich zu nehmen. Ist es allein der religiöse Wunsch, nach dem Tod ein besseres Leben führen zu können? Oder die Hingabe an die Götter? Und wir, was suchten wir hier? Meine Freunde wollten neue Erkenntnisse über die Flora in diesen Höhen finden. Aber ich? Suchte ich die Nähe dieser Menschen, die mir seit meinen Jahren in Tibet so nahe stehen? Wollte ich von ihnen lernen? Oder lag die Antwort einfach in diesen Tälern mit ihren Wiesen voller bunter Bergblumen und den schneebedeckten Gipfeln?

Vielleicht fand ich die Antwort bei einem der vielen Sadhus, die fernab der großen Straßen leben: jenen echten, zu denen man hinpilgern muß, weil sie sich niemals von ihrem Platz entfernen. Am Ufer des heiligen Alaknanda, unweit von Badrinath, lernte ich einen solchen Sadhu kennen, den ich später immer wieder aufsuchte. Meist saß er meditierend an einen Felsen gelehnt, den Blick in Richtung des mit ewigem Schnee bedeckten heiligen Nilkanta. Um ihn herum herrschte absolute Stille. Nicht die Stille der Betroffenheit oder Verlegenheit, nein, es war die Stille des In-sich-Schauens, die Stille des Glücks und der Zufriedenheit, die ihn umgab. Stundenlang saß ich neben ihm und ließ seine Ausstrahlung auf mich wirken – und ich hörte auf zu fragen.

Wenn ich festgestellt habe, daß Bhutan heute mein liebstes Reiseziel ist, so gibt es für mich allerdings keinen Zweifel, daß Ladakh das interessanteste Land tibetischer Kultur ist. Es ist ein Gebiet, das man als „tibetisch-lamaistisch" bezeichnen kann und das Teil jenes ethnischen Tibet ist, dessen Grenzen vor allem im Osten und Süden über die Grenzen des geographischen Tibet hinausreichen.

Das erste Mal habe ich Ladakh 1944, während meiner Flucht nach Zentraltibet, betreten. Seither habe ich diesen märchenhaften Staat achtmal besucht, mit stets wachsendem Interesse. Ladakh ist die tibetisch-buddhistische Region des mohammedanischen Teilstaates Kaschmir der überwiegend hinduistischen Republik Indiens. Die Bevölkerung orientiert sich geistig-religiös mehr nach der tibetischen Hauptstadt Lhasa, dem früheren Sitz des Dalai Lama. Die übrigen Kaschmiri pilgern nach Mekka und neigen sich beim Gebet in Richtung der heiligen Stadt des Islam.

Die meisten Ladakhi sind reine Tibeter, sprechen jedoch einen anderen Dialekt als die Menschen in Zentraltibet. Dennoch stellt die Sprache neben der Religion eines der wichtigsten verbindenden

Elemente der verschiedenen Stämme innerhalb des ethnischen Tibet dar: Zwar existieren verschiedene tibetische Dialekte, die teilweise sehr stark variieren, doch ist die geschriebene Sprache überall dieselbe. Ich persönlich hatte nie Schwierigkeiten, mich zu unterhalten. Allerdings kommt es vor, daß ladakhische Tibeter mit ihrem unglaublichen Sinn für Humor von ganzem Herzen lachen, wenn ich sie mit meinem in ihren Augen „vornehmen" Lhasa-Tibetisch anspreche.

Die natürlichen Barrieren, Indus, Himalaja, Kälte und Trockenheit, haben Ladakh seinen Charakter und seinen Einwohnern – noch – ihre liebenswürdige Unschuld bewahrt. Trotz der alljährlichen Zunahme des Tourismus fand ich dort immer noch ein Tibet vor, wie ich es mir reiner nicht vorstellen kann. Noch vor wenigen Jahren galt ein weiser tibetischer Spruch in besonderem Maße für Ladakh: „Wenn ein Tal nur über einen steilen Pfad zu erreichen ist, kommen lediglich gute Freunde oder schlimme Feinde."

Leider trifft dies inzwischen nicht mehr zu, da man mit kleinen Flugzeugen von Srinagar, der Hauptstadt Kaschmirs, in kurzer Zeit nach Leh fliegen kann. Trotzdem kann man immer noch tagelang mit dem Auto durch Ladakh reisen, ohne auf die Errungenschaften unserer technischen Welt zu stoßen. Die staubige, sich windende Straße, ein paar Häuser am Wegrand und hier und da ein Tschörten, einer jener kegelförmigen Reliquienschreine, die in Indien Stupa heißen, und die sich über die Jahrhunderte kaum verändert haben. Weicht man ein paar Kilometer von der Hauptstraße ab, so entdeckt man auch heute noch herrliche, einsame Klöster, angefüllt mit unschätzbaren Kostbarkeiten, vergessenen Fresken und verwitterten Schnitzereien von starker Aussagekraft.

Welcher Ladakh-Reisende kennt nicht das versteckte Kloster Altschi in einem paradiesischen Garten mit grünen Feldern, jenen berühmten farbigen Oasen in der sonst gelbgrauen Lößlandschaft des Hochlandes? Oder das Kloster Schergö nahe Mulbek. Wie ein weißer Fleck mit dunklen Fenstern klebt es an der Felswand in 15 Meter Höhe. Keine Treppe, keine Leiter – nichts. Von der Straße führt ein steiler Pfad über eine Geröllhalde zum Fuß des Felsens.

Ich war noch einer der Glücklichen, die auf einer Karawanenstraße mit Pferden das im Süden gelegene Tal von Zanskar besuchen konnten. Ahnungsvoll nannte ich meinen Fernsehbericht über diese Reise „Die letzte Karawane". Heute fährt man mit dem Auto in das kleine Königreich. Damals schrieb ich noch in mein Tagebuch: „Ich bin allein vorausgegangen, um zu fotografieren. Im Dorf spielten die Kinder. Sie wußten nicht, was ich tat und schauten mir neugierig zu. Die Frauen versteckten sich hinter Hausvorsprüngen. Ein friedliches Bild. Auf den Feldern arbeiteten die Talbewohner, dazwischen Schafe, Ziegen und Esel, die ungestört an den jungen Gerstenpflanzen zupften. Auf der fast senkrechten Felswand das vertraute Bild der wasserholenden Mönche. Ich kam vorbei an riesigen Gebetsmauern und alten Tschörten, die sich still und harmonisch in die Landschaft fügten, gleichsam wie mitgewachsen. Alles hier ist noch einsam und unerschlossen." Das war 1976 . . .

Ladakh ist auch heute noch das Land der Klöster, und man findet kaum ein Dorf, in dem keines steht. Manchmal leben nur zwei Mönche hinter seinen Mauern, manchmal mehr als hundert.

Das älteste und wohl am meisten fotografierte Kloster ist Lamayuru. Kein Tourist würde es versäumen, die 15 Minuten von der Hauptstraße hinunterzuwandern, um dann voll Bewunderung vor diesem großen Bau zu stehen. Dieses Kloster besitzt eine Geschichte, die zwischen Heiligenlegende, Märchen und dem Versuch, physikalische Phänomene mit göttlicher Vorsehung zu erklären, hin und her schwankt. Der prachtvolle Bau liegt in einer Landschaft, die für diese Religion geschaffen zu sein scheint. Oder konnte diese Religion nur in einer solchen Landschaft entstehen? Immer hat Ladakh unendlich friedlich auf mich gewirkt, obwohl die

Landschaft alle Elemente der Wildheit enthält.

Als ich mich, den Indus heraufkommend, das erste Mal der Hauptstadt Leh näherte, bin ich auf einen Trick der Natur hereingefallen. Hoch und deutlich lag Leh vor mir: Die Häuser, die sich nach rechts den Hang hochziehen, der große Tschörten links, der Palast mit seinen steil abfallenden Mauern mit den vielen Balkonen und Fenstern und das Kloster mit der Burg auf dem Felsen darüber schienen zum Greifen nah. Dann machte die Straße einen Bogen, und Leh schien vor meinen Augen zu versinken.

Leh bildet eine grüne Oase zwischen kahlen Bergen aus grauem Fels, der nur in der Mittagssonne einen warmen Braunton annimmt. Die kleinen Häuser gruppieren sich um eine Hauptstraße, an der Läden und kleine Hotels liegen. Kleinwüchsige Pferde transportieren getrockneten Yakmist, schwer atmende Frauen hohe Bündel Holz, die sie verkaufen wollen. Schafherden suchen sich blökend ihren Weg durch die geschäftigen Menschen.

Aber was wäre eine Reise nach Ladakh ohne die berühmten Klosterfeste. Wie viele habe ich miterlebt, gefilmt und fotografiert! Eines der schönsten feierte ich im Kloster Hemis, ein Mysterienspiel in kostbaren Gewändern zu Ehren des Geburtstages von Padmasambhawa.

Natürlich hat sich auch in diesem Land durch die Touristen vieles geändert, und man kann nur hoffen, daß das Mysterium, die Phantasie und der Glanz von Ladakh nicht allzu schnell verschwinden. Zum Glück gibt es noch die kaum zu bändigende Natur. So versperrt der eisige Winter neun Monate lang die Zufahrt nach Leh, und der Wind verhindert, wenn er aus der falschen Richtung weht, das Landen der neuerdings eingesetzten Flugzeuge. Aber eine Landschaft, in der die Elemente so stark sind und die in tausend Jahren ihr Gesicht kaum verändert hat, wird nach den Heeren der Mohammedaner auch die wohlmeinende Invasion ihrer Liebhaber überstehen. Und ist Ladakh vielleicht nicht unbedingt ein Märchenland, so ist es doch immer noch voller Wunder und Geheimnisse, denkt man zum Beispiel an das zauberhafte Fest im Kloster Piang zu Ehren der Wiedereinsetzung des Rinpotsche. Seine Geschichte mutet wahrhaftig wie ein Märchen an, nur daß es in unserer Zeit spielt.

Dieser Rinpotsche gehört der im alten Tibet berühmten Dynastie Tsarong an, deren Nachfahren sich bis zum heutigen Tag durch Mut, Einsatzbereitschaft und außergewöhnliche Klugheit auszeichnen. In meinem Buch „Der Rinpotsche von Ladakh" habe ich ausführlich darüber geschrieben. Hier möchte ich nur in wenigen Sätzen auf Tsarong III. eingehen, dem mehrere Klöster, darunter die beiden wichtigsten, Lamayuru und Piang, unterstehen.

Mit drei Jahren wurde er in Lhasa als Wiedergeburt des Drigung Rinpotsche erkannt und in einer feierlichen Prozession in ein 160 Kilometer entferntes Kloster gebracht. Das war 1949, und Tibet war damals noch ein freies Land. Als die chinesischen Kommunisten 1959 Tibet endgültig unterjochten, flohen die Eltern des Jungen nach Indien. Er selbst wurde von den Chinesen als Landarbeiter in das Dorf Tölung geschickt, wo er täglich bis zu 15 Stunden hart arbeiten mußte. 1975 hatte er einen Fluchtplan ausgearbeitet, der ihn nach Nepal führen sollte. Das Unternehmen gelang, und so folgte der Rinpotsche seinen inzwischen in die USA ausgewanderten Eltern, um dort zu studieren. Nach drei Jahren erfolgreichen Studiums gab er dem Drängen seiner Anhänger nach und wurde wieder Mönch. Die Fortsetzung seines Lebens als Inkarnation begann nach fast dreißigjähriger Unterbrechung mit einer Klausur von sechs Monaten. Mit diesen bescheidenen Worten erzählte mir der Rinpotsche sein außergewöhnliches Schicksal.

Die Einsetzungsfeierlichkeiten, an denen ich mit meiner Frau teilnahm, wurden gleichzeitig mit der 800-Jahr-Feier der Drigung-Klöster von Ladakh begangen. Sie dauerten vier Tage und ließen in mir noch einmal all die glücklichen Erinnerungen an ein vergangenes, freies Tibet wach werden. Tagelang fanden die berühmten Maskentänze statt, immer wieder unterbrochen von Gebeten und Ritualen. Seinen Höhepunkt erreichte das Fest am dritten Tag. Im Programm für die wenigen Ausländer stand: „Seine Heiligkeit Tschetsang Rinpotsche leitet eine Vollversammlung der Lamas und Mönche für ein Reinigungsgebet des soeben neu hergestellten Thanka, der den großen Gründer Dschigten-Gonpö und andere Figuren, die mit dem Glauben zu tun haben, darstellt."

Während der Thanka entrollt wurde, geschah ein Wunder: Nach Monaten der Trockenheit fielen die ersten heißersehnten Regentropfen vom Himmel. Kaum zu spüren zwar, aber für die Anwesenden war das der Segen der Götter. Durch eine besondere Zeremonie des Drigung Tschetsang Rinpotsche erhielt das neue Rollbild göttliche Kraft.

Nepal

Das kleine Königreich Nepal zählt zu den faszinierendsten Ländern unserer Erde. Die kluge Politik der Regierung im Hinblick auf den Tourismus ermöglicht eine gewisse Kontrolle, die den Massenansturm von Fremden einschränkt und dem Individualisten erlaubt, seinen speziellen Interessensgebieten nachzugehen.

Meine persönliche Verbindung und Zuneigung Nepal gegenüber rührt aus den vierziger Jahren her. Auf unserer Flucht durch Tibet waren Peter Aufschnaiter und ich gezwungen, für längere Zeit an der Nordgrenze des Landes zu leben. Einmal in *Tradün*, von wo aus wir Ausflüge machten, um Skizzen vom Dhaulagiri, Annapurna und Manaslu anzufertigen, deren Nordseite man damals noch nicht kannte. Eine dieser Zeichnungen wurde nach dem Krieg durch die Royal Geographic Society in London veröffentlicht, was M. Herzog veranlaßte, den Annapurna als ersten Achttausender zu ersteigen.

Später lebten wir mehrere Monate in Kyirong, dem „Dorf der Glückseligkeit", acht Kilometer von der nepalischen Grenze entfernt, inmitten der Himalajaberge. Hier zeichneten wir Landkarten, registrierten die vielen Klöster, Eremitagen und bewirtschafteten Almen und genossen die heißen Quellen in den zahlreichen Rhododendren- und Eichenwäldern.

Kyirong war damals Umschlagplatz der Handelsgüter zwischen Tibet und Nepal. Hier brachte ein Scheffel Salz, das die Nomaden an den nördlichen abflußlosen Seen gewonnen hatten, genau ein Scheffel Reis, das die Nepali aus dem fruchtbaren Kathmandutal anboten. Unvergeßlich waren die Tage, wenn die in den Sommermonaten fettgewordenen Schafe vom Dach der Welt zu Tausenden durch die enge Schlucht von Kyirong zum Ramadanfest getrieben wurden. Im Gedränge stürzten immer einige der Tiere in die Tiefe und versorgten die Einwohner mit frischem Fleisch, denn Kyirong war ein heiliger Ort, an dem keinerlei Schlachtung erlaubt war.

Auch in das abgelegene Kyirong kamen eines Tages chinesische Rote Garden, um die Zerstörung tibetischer Kulturgüter fortzusetzen. Aber die Mönche und ein großer Teil der Bauern konnten rechtzeitig nach Nepal flüchten. Es gelang ihnen, die kostbaren heiligen Handschriften und die tausend Jahre alten Bronzen mitzunehmen, und sogar die riesigen Koch- und Wasserkessel aus Kupfer konnten gerettet werden.

Viele Tibeter fanden in Nepal eine dauernde Bleibe. Der religiösen Toleranz der Regierung von Kathmandu ist es zu verdanken, daß Mönche und Nonnen neue Klöster errichten und Bauern sich im Transhimalaja niederlassen konnten. So ist Nepal neben Ladakh, Sikkim und Bhutan zur letzten Heimat des Mahayana-Buddhismus geworden, oft auch Lamaismus genannt.

Die Flüchtlinge hatten allerdings keine großen Schwierigkeiten, sich zu integrieren, denn der gesamte Norden Nepals, also alle Höhenlagen zwischen den Himalajariesen, waren immer schon kulturell im ethnisch tibetischen Einflußbereich. Typisch dafür sind die Sherpa, die berühmten Hochträger für Expeditionen.

Eigentlich heißen sie Sharpa, das heißt in ihrer Muttersprache (Tibetisch) „Leute, die aus dem Osten kommen", also aus dem Osten Tibets. Sie bewohnen die Täler um das Mt.-Everest-Gebiet. Ihr berühmtester Vertreter war Tenzing Norgay, der im Mai 1986 im Alter von 72 Jahren gestorben ist. Seine Mutter stammte aus Lhasa und der Vater aus Rongbuk, am Nordfuß des Mt. Everest gelegen.
Ich habe Tenzing Norgay bei meinem Tibet-Besuch im Jahre 1982 wieder getroffen. Bei den vielen Enttäuschungen, die ich während meines Aufenthaltes in Lhasa erlebt habe, ein wahrer Lichtblick! Wann immer es uns möglich war, kamen wir zusammen, klammerten uns förmlich aneinander, und Tenzing, der seit der Öffnung Tibets für den Tourismus schon mehrmals in Lhasa gewesen war, konnte mich mit vielen guten Ratschlägen versorgen. Er selbst fotografierte nicht, wußte aber genau, wo es erlaubt, wo es besonders teuer und wo es verboten war.
Tenzing war seit seiner Erstbesteigung des Mt. Everest, zusammen mit dem Neuseeländer Sir Edmund Hillary, ein weltberühmter Mann. Früher, zum Beispiel als er gemeinsam mit Frank Smythe 1937 das „Tal der Blumen" im Himalaja entdeckte, war er nur irgendeiner von vielen Trägern, und ebenso war es, als sie zusammen den Mt. Everest vom Norden her, von der tibetischen Seite aus, angingen und bis auf 8.500 Meter kamen. In diesem Zusammenhang muß man den 13. Dalai Lama erwähnen, der 1910 auf der Flucht vor den Chinesen nach Darjeeling in Indien ausgewichen war und aus Dankbarkeit über die Gastfreundschaft der britischen Kolonialverwaltung den Engländern gegenüber eine große und für seine religiöse Einstellung sicher nicht leichte Geste machte: Er gab die Erlaubnis, den Mt. Everest vom Norden über Tibet zu besteigen.
Tenzing war einer jener Pioniere des Himalaja, die schon ganz früh ohne Seil, ohne Steigeisen und ohne Sauerstoff kletterten. Man sprach nur damals nicht über diese Dinge. Es war einfach so. Im Jahre 1948, als er in Begleitung von Professor Guiseppe Tucci, dem bedeutenden Tibetologen, nach Lhasa reiste, ermutigte ihn dieser, doch mit den Engländern noch einmal auf den Mt. Everest zu gehen, aber nun nicht nur als Träger, sondern als einer, der gleichberechtigt mit ihnen zusammen die Besteigung des Gipfels versuchen sollte.
Damals lernte ich Tenzing mit Tucci in Lhasa kennen, und wir haben ausgemacht, eines Tages zusammen auf den Kangtschendzönga zu gehen. Als ich dann 1951 vor den Rotchinesen über Sikkim nach Indien floh, fragte ich die mir befreundete Königsfamilie in Gangtok, ob sie an Sherpa Tenzing und mich denken würde, falls jemals die Erlaubnis für die Besteigung des „Kantsch" gegeben würde. Ich wollte diesen Berg vor allem deshalb versuchen, weil Peter Aufschnaiter schon 1929 und 1931 mit Paul Bauer bis kurz unter den Gipfel gekommen war und auch gerne dabeigewesen wäre. Der König von Sikkim antwortete mir: „Gerade du, Henrig, müßtest verstehen, daß wir es nicht haben wollen, daß jemand dort hinauf geht, denn, wie du weißt, wohnt dort oben unser Schutzgott Kangtschendzönga." (Was soviel bedeutet wie „Die fünf Schätze des großen Schnees".) Außerdem hätten sie, sagte der König, mit der nepalischen Regierung vereinbart, daß über eine Genehmigung nur gemeinsam beraten werden könne, da der Gipfel auf der Grenze zwischen den beiden Ländern steht. Jahre später las ich dann in der Zeitung, daß eine englische Expedition diesen heiligen Berg bestiegen hat. Ich war sehr enttäuscht und fragte in Gangtok an, warum man Tenzing und mich vergessen habe. Die Antwort war, daß die Engländer den Nepali versprochen hatten, die Spitze des Berges unberührt zu lassen. Dieses Versprechen hätten wir allerdings auch gegeben. Inzwischen gibt es diese Fragen nicht mehr, da kaum einer auf religiös-ethische Werte mehr Rücksicht nimmt.
Als ich nach meiner Flucht aus Tibet nach Indien kam, war Tenzing weltberühmt: Er und Hillary waren als erste auf dem höchsten Berg unserer Erde gewe-

sen. Inzwischen ist der Mt. Everest so oft bestiegen worden, daß man aufgehört hat, die Bergsteiger, die den Gipfel erreicht haben, zu zählen.

Die Verbindung Nepals mit Tibet wird gerade für diejenigen, die von der Regierung eine Trecking-Erlaubnis erhalten haben, überall deutlich. Im 7. Jahrhundert, während der Zeit des Tibetischen Großreiches, vermählte sich z. B. die nepalische Prinzessin Bhrikuti mit dem tibetischen König Srong-tsen gampo; ihre Wiedergeburt als „grüne Tara" kann man auf Thankas und als Bronzen überall bewundern.

Im Gießen von Bronzen und Malen von Thankas sind die buddhistischen *Newar* in den Städten Nepals außerordentlich begabte Künstler. Sie arbeiten noch nach der 2.000 Jahre alten Tradition und erhalten ihre Aufträge von Klöstern und Gläubigen, die zum Mahayana-Buddhismus gehören. Neuerdings kann auch der Tourist die Herstellung bewundern und ihre Kunstwerke kaufen. Die Geschicklichkeit der *Newar* geht so weit, daß selbst Experten Schwierigkeiten haben, das Alter festzustellen. Ich habe erlebt, daß mich ein Künstler fragte: „Willst du die Figur 50 oder 500 Jahre alt haben?"

Weltweit bekannt sind auch die *Gurkha*, die als Söldner in der britisch-indischen Armee Mut bewiesen haben. Es sind kräftige (untersetzte) mongolische Menschen, die im 17. Jahrhundert weite Gebiete Nepals unter ihre Kontrolle brachten und bevorzugt in den mittleren Gebirgslagen leben. Der Wanderer findet in ihren zweistöckigen, aus Lehmziegeln erbauten Häusern auch heute noch gastliche Aufnahme. Es sind unvergeßliche Bilder, wenn der Bauer mit dem primitiven Holzpflug die steil angelegten Terrassenfelder pflügt oder im Herbst der Buchweizen und die Hirse in verschiedenen Rottönen das Bild beleben, wenn die Männer vom Stamme der tibeto-burmanischen *Gurung* oder *Tamang* in ihrer Tracht aus grobem Brennesselstoff mit ihrer schweren Last die Terrassen heruntersteigen und sich über dem Dorf aus den Monsunwolken die Ergüsse des Himmels lösen.

Schon als Student, als Nepal noch geschlossen war, beneidete ich die britischen Offiziere, die in diesen Bergen reisen durften, um Söldner zu rekrutieren. Ursprünglich stammten die Krieger ausschließlich von den tibeto-burmanischen Stämmen der *Magar, Limbu, Rai, Gurung und Tamang.* Später wurde das Wort *Gurkha* zum Synonym für alle Soldaten aus Nepal. Im Zweiten Weltkrieg wurden viele *Gurkha,* die neben modernen Waffen immer noch mit ihren Kukrimessern ausgerüstet waren, mit dem höchsten Orden für Tapferkeit ausgezeichnet.

Die Stadt Gurkha ist vielleicht nicht so interessant wie Patan, Bhadgaon und die Hauptstadt Kathmandu. Doch sind die engen Gassen und Straßen zwischen den hohen Häusern mit ihrem Schnitzwerk unerschöpfliche Motive für die Kamera, und auf Schritt und Tritt mag man die religiöse Hingabe der Nepali bewundern, denn in den Städten gibt es so viele Tempel und Schreine wie Wohnhäuser. Buddhismus und Hinduismus bestehen friedlich nebeneinander. Mystische Riten und Blutopfer sind an der Tagesordnung.

Inzwischen ist der Tourismus für Nepal eine der wichtigsten Einnahmequellen geworden und die Bergwelt ist die größte Attraktion des Landes. Allein sechs der vierzehn Achttausender gehören zu Nepal, darunter der höchste Berg unseres Erdballs, an die hundert Siebentausender und eine ganze Reihe „kleinere" Eisriesen. – Darüber hinaus verfügt das Wunderland Nepal aber auch über Niederungen (Terai), in denen man mühelos, sozusagen in der „dicken" sauerstoffreichen Luft, abenteuerliche Dinge erleben kann. Es ist ein völlig anderes Nepal, wo im dichten Dschungel Tiger, Leoparden, Elefanten und das vorweltlich wirkende Panzernashorn zu sehen sind; seltene Pflanzen und Orchideen finden begeisterte Bewunderer. – Trotz Kontrollen für Trecks und Gipfelbesteigungen – deren Preis nach der Höhe gestaffelt ist – gibt es inzwischen Umweltprobleme, wie sie auch bei uns sattsam bekannt sind. Große Expeditionen brauchen oft Hunderte von Trägern, die dabei schnell und gut verdie-

nen – aber ihre Felder vernachlässigen. Die Träger brauchen auch zweimal am Tag Holz, um Suppe und Buttertee zu kochen. Das Abholzen von Wald läßt im Monsun das Regenwasser schnell abfließen, verursacht Erosion und Überschwemmung. In der Trockenzeit fehlt dann das Wasser, und die Dürre verringert die Ernte. Die Touristen hinterlassen tonnenweise Müll in den Bergen. Jetzt werden Maßnahmen erwogen, wie sie z. B. Kanada für die Naturparks eingeführt hat: Dort werden beim Betreten des Schutzgebietes die mitgenommenen Gegenstände kontrolliert, und beim Verlassen müssen Dosen und anderer Müll peinlich genau abgeliefert werden.
Im Zusammenhang mit Nepal muß ich noch Peter Aufschnaiters gedenken. Nicht weniger als 14 Jahre habe ich mit diesem außergewöhnlichen Mann zusammen gelebt: angefangen von der Erkundungsfahrt zum Nanga Parbat 1939, über die Gefangenschaft in Indien und die Flucht – während der es oft auf die Verläßlichkeit des Kameraden ankam, wenn wir uns gegen Kälte und Räuber durchsetzen mußten – bis zu unserem gemeinsamen Aufenthalt in Tibet. Während ich 1952 nach Europa zurückkehrte, entschloß sich Peter Aufschnaiter zum Verbleib in Asien. Er arbeitete als Landwirtschaftsingenieur in Kathmandu und wurde durch ausgedehnte Reisen in Nepal zum besten Himalajakenner. Peter Aufschnaiter ist 1973 im Alter von 74 Jahren während eines Urlaubs in Tirol gestorben und fand seine Ruhestätte in einem Ehrengrab seiner Geburtsstadt Kitzbühel.

S. 116/117:
Das Haus des Bezirkshauptmanns vom Gaza Dzong (Distrikt Gaza) in Bhutan vor den schneebedeckten Felsen des Khangbum

Bogenschießen – traditionsgemäß im Mantel aus Burett-Seide – ist bhutanischer Nationalsport

Die Bilder links zeigen zwei Mädchen vom Stamme der Laya und einen Verkäufer von scharfem Paprika, dem wichtigsten Gewürz im Lande

S. 120/121: Senfernte in Zentralbhutan. Das aus den Senfkörnern gepreßte Öl wird für die Öllampen sowie zum Kochen und Braten verwendet

Linke Seite: Die Eremitage „Tagtshang“ (Tigernest) in West-Bhutan . . . Durch eine „Allee“ von Gebetsfahnen führt der steile Weg zu den Zellen der Mönche

Ein Wandermönch zieht mit einem „Traschi-Gomang“, einem vieltürigen Glücksschrein, durch das Bergland und nimmt Almosen entgegen

S. 124/125:
Seit meiner Jugend hatte ich die Hoffnung, meine Blaue Blume der Romantik, wie sie von Novalis beschrieben wurde, zu entdekken. Im Norden von Bhutan habe ich sie dann endlich gefunden: es ist der blaublühende Scheinmohn (Meconopsis aculeata), der als Königin aller Himalajablumen gilt

S. 127:
Lebensgrundlage der im Norden von Bhutan lebenden Halb-Nomaden vom Stamme der Laya sind ihre Yak-Herden; auch ihre Zelte bestehen aus dem gesponnenen und gewebten Haar dieser genügsamen Tiere. Wir hatten Yaks für unsere Expedition als Tragtiere gemietet

Frühling vor der Kulisse des Kabru in West-Sikkim. Die Berghänge sind bedeckt mit gelb-, rosa- und rotblühenden Rhododendren

Türkise, Korallen und Silber, manchmal auch Gold, sind die bevorzugten Materialien, aus denen in den Himalajaländern Schmuck gefertigt wird und wie vielerorts auf der Welt ist er auch Zeichen von Rang und Wohlstand. Selbst diese eher arme Pilgerin auf dem Bild ganz oben vor dem Haupttempel von Lhasa trägt einige Stücke

Oben: Heute wird die Kunst des Schnitzens hölzerner Druckstöcke in Lhasa wiederbelebt

Unten: Am Eingang zu einem Tempel in Gyantse (Tibet) wird der Schutzlöwe fertiggestellt

S. 132/133: Der „Blaue Buddha“ am Lingkhor von Lhasa. Die einst acht Kilometer lange Pilgerstraße rund um die Stadt ist heute nur mehr in Bruchstücken vorhanden

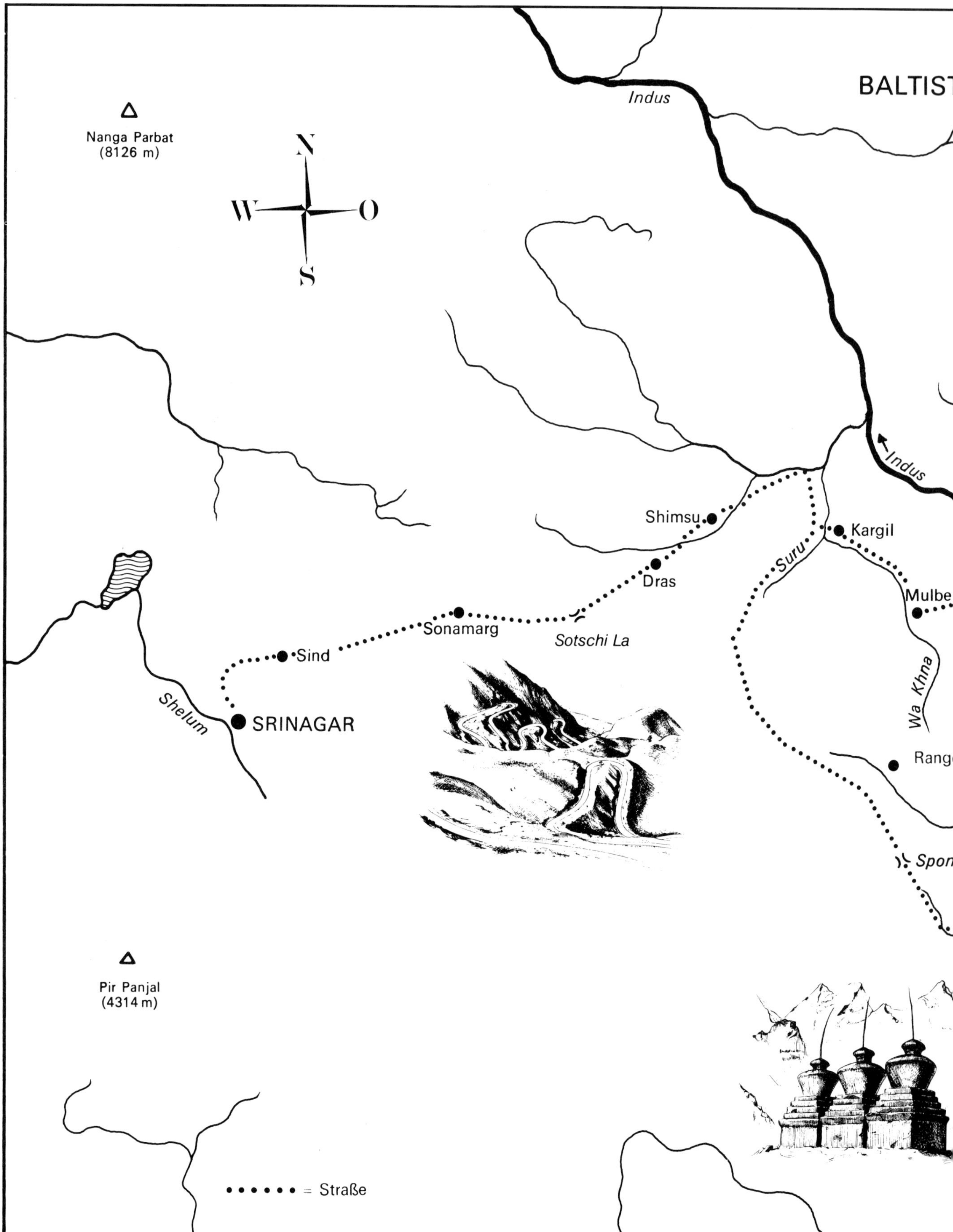
BALTIST
Indus
Nanga Parbat
(8126 m)
N
W
O
S
Indus
Shimsu
Kargil
Suru
Dras
Mulbe
Sonamarg
Sotschi La
Sind
Wa Khna
Shelum
SRINAGAR
Rang
Spon
Pir Panjal
(4314 m)
= Straße

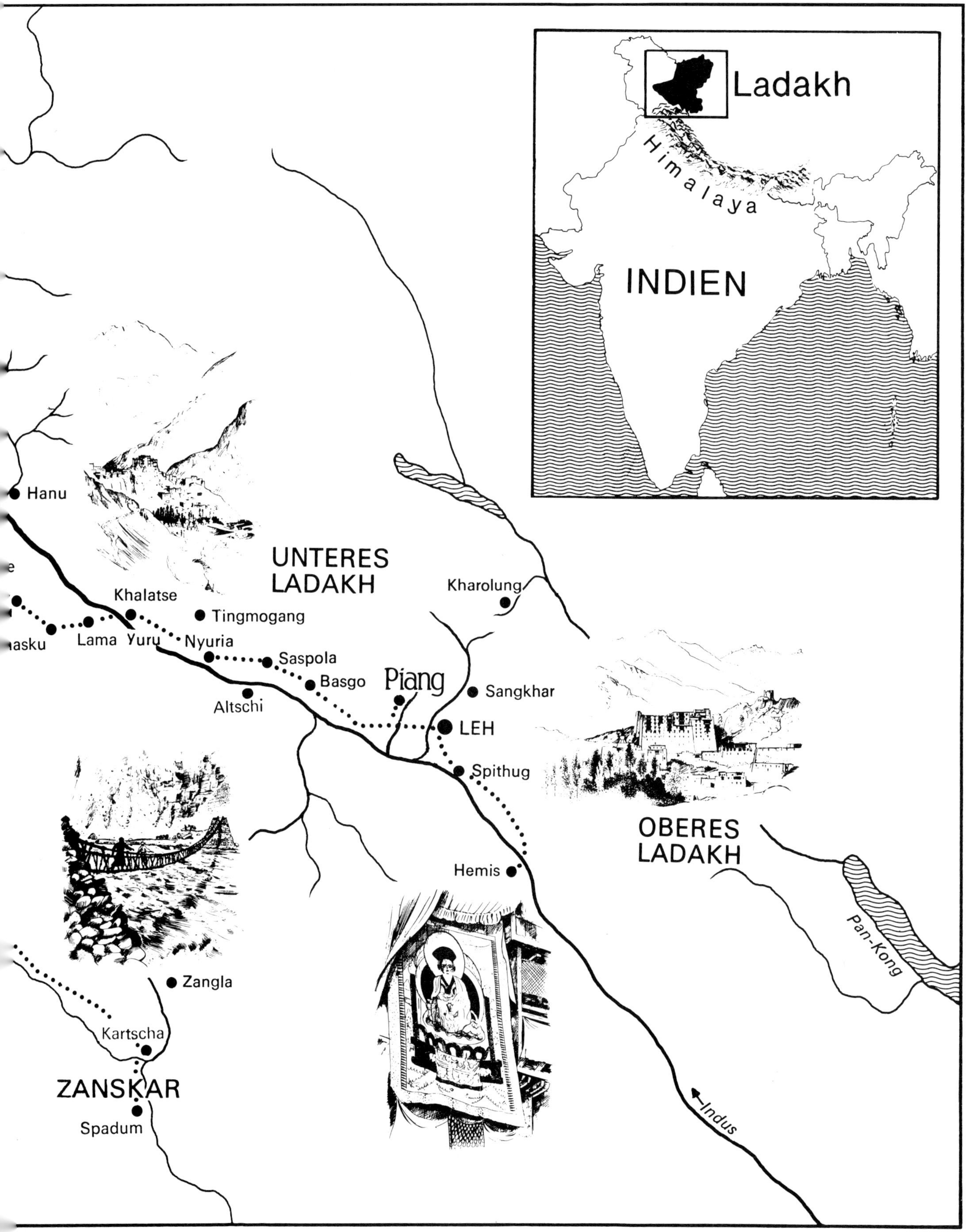
Ladakh
Himalaya
INDIEN
Hanu
UNTERES
LADAKH
Kharolung
Khalatse
Tingmogang
Lama Yuru
Nyuria
Saspola
Basgo
Piang
Sangkhar
Altschi
LEH
Spithug
OBERES
LADAKH
Hemis
Pan-Kong
Zangla
Kartscha
ZANSKAR
Spadum
Indus

In Ladakh sind die Klöster noch alle erhalten und belebt. Sie sehen aus wie Burgen oder Festungen und wurden an weithin sichtbaren und geschützten Plätzen, auf Anhöhen oder an Felshängen, gebaut

S. 138/139:
Das Bergstädtchen Leh (in Ladakh) hat sich in den vergangenen hundert Jahren nur wenig verändert. Der ehemalige Palast hat eine gewisse Ähnlichkeit mit dem Potala von Lhasa

Obwohl sich heute Autostraßen durch die Steinwüsten Ladakhs winden – auf dem Bild die Straße vom Kloster Lamayuru hinunter ins Industal –, ist man bergab zu Fuß schneller, als wenn man die ungezählten, weiten Kurven mit dem Auto fährt

S. 142–145:
So wie sie in allen buddhistischen Ländern des Himalaja die Landschaft prägen, bestimmen auch hier in Ladakh, auf dem Weg von Leh zum Kloster Hemis, eine Reihe von Stupas die Silhouette. Gebetsfahnen beleben das Landschaftsbild. Hier wurden sie als Dank für das Erreichen eines Passes in Ladakh aufgestellt

Anläßlich der Wiedereinsetzung des Rinpotsche Drigung Tschetsang als Oberhaupt der Drigung-Sekte wird im Kloster Piang (Ladakh) der neue Riesen-Thanka enthüllt

S. 148/149:
Pilger in Tracht umrunden das Kloster Piang auf dem Weg zum Thanka

S. 150–153:
Mönche in kostbaren Gewändern und alten Masken tanzen zur Feier des Riesen-Thanka. Eine Mönchskapelle mit Hörnern und Schalmeien begleitet die Tänze

S. 154/155:
Drigung Tschetsang verteilt während der Wiedereinsetzungsfeierlichkeiten im Kloster Piang seidene Glücksschleifen

Das Zanskar-Tal im südlichen Ladakh. Um das Bewässern in den lang anhaltenden Trockenperioden zu erleichtern, wurden die Gerstenfelder terrassenförmig angelegt

S. 158/159: Gottesdienst auf einer Geröllhalde in Zanskar. Gelbmützenmönche aus dem Kloster Kartscha, dessen Oberhaupt der jüngere Bruder des Dalai Lama ist, erbitten den Segen des Himmels für die Felder und danken für gute Ernte

Religion, Medizin und Schamanismus

Bei den Himalajavölkern, deren Leben vom harten Kampf ums Dasein geprägt ist, spielen rational nicht faßbare Kräfte auch heute noch eine erhebliche Rolle. Vor allem in Tibet haben Zauberer, Gesundbeter, Wahrsager, Astrologen und natürlich Orakel ein reiches Betätigungsfeld. Jedes Kloster legt großen Wert darauf, sein eigenes Orakel zu haben, das je nach medialer Fähigkeit weithin berühmt werden kann, weit über den Bezirk seines Klosters hinaus. Eines der bedeutendsten Orakel lebte zu meiner Zeit in Lhasa. Ich war oft dabei, wenn sich dieses „Nechung" in Trance versetzte und in Anwesenheit des Dalai Lama und seiner Minister lallend Antwort auf wichtige Fragen gab. Es mußte politische Entscheidungen treffen und über Krieg und Frieden aussagen.

Auch bei der Enthüllung des Riesen-Thanka im Kloster Piang war ein weiterer Höhepunkt des Festes die Anwesenheit des Orakels. Es brauchte sich aber diesmal nicht zu äußern, seine Anwesenheit allein ehrte die Feier und schützte den neuen Thanka vor bösen Geistern und Dämonen. Dieses hochangesehene Orakel, das ich auch von früher kannte, war viel zu alt geworden, um die großen Strapazen der Weissagung in Trance noch zu verkraften. Der alte Herr hatte schon immer gewußt – und dies auch ausgesprochen –, daß der Rinpotsche aus Tibet in sein Kloster heimkehren würde. Seine Weissagung hatte sich bestätigt, und so war es selbstverständlich, daß er bei den Feierlichkeiten einen Ehrenplatz erhielt. Der Greis mit seinem wunderbaren, ausdrucksstarken Gesicht verharrte in seinem schweren Brokatgewand stunden- und tagelang regungslos auf seinem Platz, hochgeehrt von den jungen Mönchen, die von Zeit zu Zeit vorbeihuschten und ihm sorgsam den Schweiß von seinem unbewegten Gesicht wischten. Auch war er der einzige, der den Rinpotsche auf seinem Thron von vorne sah und die Zuschauer dabei anblickte wie der Religionsgründer auf dem Riesen-Thanka. Alle anderen schauten die Heiligkeit von hinten an oder wagten nur einen scheuen Blick von der Seite.

Durch seine Studienjahre in der westlichen Welt steht der Rinpotsche auch einigen unserer Lehrmethoden positiv gegenüber und wendet sie zum Nutzen und zur Erhaltung tibetischer Kultur an. In seinem berühmten Kloster Lamayuru gründete er ein Meditations- und Studienzentrum, das allen Interessierten offensteht. Er veranlaßte eine Geldsammlung, um vor allem die vorhandene Bibliothek zu vergrößern und zu ergänzen. Auch er hat, dem Beispiel des Dalai Lama folgend, erkannt, wie wichtig es ist, Reisen zu unternehmen, um in Predigten und Vorträgen die religiösen und politischen Anliegen des tibetischen Volkes am Leben zu erhalten.

An einem Spätnachmittag, als sich die Menge schon verlaufen hatte, begab ich mich in die Nähe des immer noch versunken dasitzenden Orakels. Als der alte Mann mich erkannte und mir freundlich zunickte, konnte ich nicht widerstehen und fragte ihn: „Was siehst du über das Schicksal Tibets?" Ohne zu zögern kam die Antwort: „Lha Gye-Lo!" – „Die Götter werden siegen!" Mit einem leichten Schauer des Glücks entfernte ich mich und dachte, daß die Götter diesmal gnädig sein mögen.

Natürlich bin ich nicht nur großen und berühmten Orakeln begegnet. Es gibt unter den Tibetern viele medial veranlagte Menschen, die in der Lage sind, sich durch Gebete und Konzentration in Trance zu versetzen. Bei allen meinen Expeditionen innerhalb der Länder des Himalaja war es eine selbstverständliche Pflicht für mich, vorher einen Schamanen

S. 160:
Zu den berühmtesten Festen von Ladakh gehören die Mysterienspiele im Kloster Hemis. Diesen Hirschtänzer – seine Vorstellung ist die größte Attraktion des Festes – habe ich bereits seinerzeit in Lhasa bewundert

oder Dorfzauberer über die Aussichten zu befragen. Denn die Geister, die hauptsächlich Berge und Pässe bewohnen, können den Reisenden im Glauben der Einheimischen großes Unglück bringen, falls sie nicht durch Opfer gnädig gestimmt werden. Hatte ich die Opfer gebracht und waren die Aussagen günstig, war es kein Problem mehr, Träger zu bekommen, die mich vertrauensvoll überall hin begleiteten.

Jahrzehntelang habe ich mich mit diesem Phänomen beschäftigt und bin ihm nachgegangen, wo immer ich konnte: ob es nun das Regenorakel von Gadong war, das ich beobachtete, wenn es mit dem Drachen Kontakt aufnahm, der den Donner und in seiner Folge den ersehnten Regen brachte, oder die Mönche, wenn sie Zauberzeichen an die Klosterwände malten. Einmal hatte ich die seltene Gelegenheit, bei der Herstellung eines Mandala aus feinem Sand dabeisein zu dürfen. Die frommen Männer binden sich ein leichtes Tuch über Mund und Nase, damit die künstlerischen Figuren nicht durch den Atem zerstört werden. So arbeiten sie mit unendlicher Geduld tagelang an ihrem mystischen Diagramm. Ein Mandala, aufgebaut auf den Grundformen Kreis und Quadrat, will wie alle Meditationsbilder nicht in erster Linie schön sein, sondern richtig, das heißt, daß es als Gegenstand der Bildmeditation geeignet ist. Es symbolisiert einerseits die Harmonie des Universums, andererseits die harmonische Ganzheit und Einheit des Menschen. Während der Arbeit stehen besonders begabte Mönche bereits mit den Göttern in Verbindung. Mandala heißt „Kreis" und bedeutet die Umgrenzung des heiligen Raumes, der das Abbild des Weltalls umschließt, das als Gebäude in den vier Himmelsrichtungen gedacht ist. Der Osten ist weiß wie der Mond und seine Bewohner sind vornehm und ruhig. Der Süden ist gelb, der Westen rot und der Norden grün, während die Mitte blau ist. Obwohl ich wußte, daß der Meister alle Einzelheiten dieses geometrischen Zauberkreises im Kopf hatte, sah ich, wie er sicherheitshalber immer wieder in ein großes Buch schaute. Seitenlang könnte man noch über diese faszinierenden Malereien und ihre Deutungen schreiben, aber das wäre der Inhalt eines eigenen Buches.

In den kleinen tibetischen Dörfern zu Füßen der Himalaja-Berge sind es zumeist Nonnen oder Schamanen, die mit Hilfe von sich bewegenden Getreidekörnern die Zukunft voraussagen oder mit dem Mund die Krankheit aus dem Körper ihrer Patienten heraussaugen. Sie reisen durch das Land, ziehen von Haus zu Haus oder meditieren irgendwo in den Bergen. Sie können Wunderheiler, Zauberer, Schamanen, aber auch Scharlatane sein, die Grenzen sind nicht immer leicht zu ziehen. Aber schon Goethe meinte: „. . . der Aberglaube ist die Poesie des Lebens." Ich finde, man sollte den Aberglauben dieser Menschen respektieren, den sie zur Bewältigung ihres harten Lebens so sehr brauchen.

Immer wieder werde ich gefragt: „Gibt es noch Wiedergeburten? Wird es noch einmal einen Dalai Lama geben?" Meine Antwort ist ein klares Ja. In Bhutan, Sikkim oder Nepal, ja selbst in der Schweiz, bin ich immer wieder Kindern begegnet, die als Inkarnation oder Wiedergeburt einer der vielen Götter erkannt worden waren. Das Leiden und seine Ursachen nehmen eine zentrale Stelle im buddhistischen Denken ein; aber das Gesetz der wirkenden Tat, das Karma, macht jeden Menschen zum Schöpfer seines eigenen Schicksals. Damit verbunden ist der Glaube an die Wiedergeburt nach dem Tode. Um den endgültigen Pfad zur höchsten Inkarnation oder zum Nirwana zu gewinnen, gibt es vier Wege: äußere Opfer, innere Opfer, esoterische Opfer und die Einheit im Dualismus. Die höchste Inkarnation ist selbstverständlich der Dalai Lama. Die Auffindung seiner Wiedergeburt unterliegt vielen und genau festgelegten Gesetzen und ist eine höchst komplizierte und langwierige Angelegenheit. Die Vorstellung, die Inkarnation werde am selben Tag geboren, an welchem dessen Vorgänger gestorben ist, ist unrichtig. Es gab den Fall, daß man die

Wiedergeburt eines Dalai Lama erst Jahre nach dessen Tod fand.
Besonders beachtet und respektiert werden Äußerungen, die er selber noch zu Lebzeiten gemacht hat, etwa die Gegend, in der man suchen solle, und besondere Merkmale, die das Kind auszeichnen. Es muß seine Wesensgleichheit mit den vormaligen Erscheinungsformen auf verschiedene Art beweisen. Zum Beispiel muß das Kind den Rosenkranz und andere religiöse Gegenstände als Besitz des Vorgängers erkennen und mehrere Prüfungen mit Erfolg bestehen.
Wie die meisten Probleme in Tibet wird auch die Wiedergeburt durch die Eingebung einer göttlichen Macht auf irrationale Weise gelöst: durch Befragen des Orakels oder verschiedene Wahrsagerpraktiken und Visionen. So bestätigte zum Beispiel das wunderbare Verhalten des in Taktser gefundenen Kindes – des heutigen Dalai Lama – die Glaubwürdigkeit der Reinkarnation. Der als neues Oberhaupt Tibets und als menschgewordene Gottheit erkannte Knabe bestieg mit annähernd fünf Jahren im Februar 1940 (Eisen-Drachen-Jahr) als 14. Dalai Lama den Löwenthron des Schneelandes.
Nach der religiösen Auffassung der Himalaja-Bewohner ist auch die Krankheit das Werk böser Geister und Dämonen. Wer also könnte besser helfen als ein Schamane? Nur er ist in der Lage, mit den Dämonen Kontakt aufzunehmen oder sie mit Hilfe guter Gottheiten zu vernichten. Obwohl Medizin und Astrologie etwas Unterschiedliches sind, haben sie doch eine gemeinsame Basis. So gab es in Lhasa eine berühmte Schule für Heilkunde mit dem Namen Mentsikhang: Men = Medizin, Tsi = Astrologie, Khang = Haus.
Schon vor 2.500 Jahren, zu Zeiten der vorbuddhistischen Bon-Religion, basierte die Medizin auf Naturheilmethoden. Mit den Erkenntnissen der chinesischen und indischen Medizin entwickelte sich schließlich eine eigene tibetische Medizin. Großen Einfluß übten die indischen Heilmethoden aus. Die eine, Yunani genannt, von den Mongolen nach Indien gebracht, war eine Methode, die ursprünglich nur frische Pflanzen verwendete und dabei ethnische Eigenheiten berücksichtigte.
Im Laufe der Weiterentwicklung dieser Heilverfahren wurde dann auch mit getrockneten Kräutern, Wurzeln und Mineralien gearbeitet. Die Ärzte stellten daraus Säfte, Pillen und Pulver her, die den Patienten nach genauen Vorschriften verabreicht wurden. Diese Art Heilkunde wird von den Mohammedanern in Indien immer noch mit viel Glauben an den Erfolg angewendet.
Noch bedeutender ist die Aryuveda-Medizin, die sich bei den hinduistischen Indern größter Wertschätzung erfreut. Aryuveda setzt sich aus zwei Sanskritwörtern der altindischen Hochsprache für Literatur und Wissenschaft zusammen und heißt übersetzt „Die Wissenschaft vom Leben". Die Entstehung der Aryuveda-Medizin liegt an die 2.400 Jahre zurück. Ihre Methoden wurden immer mehr vervollkommnet und schließlich an eigenen Universitäten gelehrt, wo auch heute noch Ärzte ausgebildet werden. Im Vordergrund dieser Heilkunde steht vor allem die Prophylaxe. Daher verlangt sie die Einnahme von Arzneien schon in gesundem Zustand.
Ich begann schon sehr früh, mich auf meinen Reisen in den Himalaja-Staaten für diese Themen zu interessieren und machte wochenlange Exkursionen mit tibetischen Ärzten. Ich schaute ihnen zu, wenn sie unter freiem Himmel ihre Sprechstunde abhielten, und wanderte mit ihnen durch die Berge, um Kräuter zu sammeln. In Indien zeigten und erklärten mir kundige Yogis so manche Pflanze. Zum Beispiel Rishabak, ein zwiebelartiges Gewächs, welches auf der Haut stark brennt und durch diese Hitze und stärkere Durchblutung Linderung und Heilung bei Rheuma und Gliederschmerzen verschafft. Genau das Gegenteil, eine kühlende Wirkung, hat Satawa, ein spargelähnliches Kraut, das der Arzt oder Yogi bei Herzbeschwerden verordnet. Es ist eine Wurzel, die man roh oder gekocht als Gemüse essen kann.

Mit einem Stethoskop durfte ich mich davon überzeugen, daß dieser Yogi an einem Quellfluß des Ganges sein Herz vorübergehend zum Stillstand bringen konnte

Meine vielen Gespräche, die ich mit angesehenen Yogis führte, lehrten mich aber noch mehr. So, daß Wohlbefinden nur aus der Einheit von Körper und Geist entstehen kann. Es wird erreicht, indem man täglich alle Körperöffnungen reinigt und regelmäßig Yogaübungen macht. Zum Ziel – Wunderkräfte und Erlösung zu erlangen – gelangt man über acht Heilswege, die genaue Vorschriften zur Regelung des Atems, Anleitung zur Meditation und den verschiedenen Körperstellungen geben.

Yogaübungen bedeuten eine ungeheure Belastung für den Körper, und es müssen daher eine Menge Voraussetzungen erfüllt werden, soll sich ein Erfolg einstellen. Der Mensch muß in völliger Enthaltsamkeit leben, d. h. er darf nur Diätkost zu sich nehmen, Enthaltsamkeit und Zügelung der Sinne üben, um nur einige der Selbstverständlichkeiten zu nennen.

Ein lustiges Erlebnis hatte ich auf einer meiner Forschungsreisen im Tal der Blumen im Gharwal-Himalaja. Nachdem wir die 4.000-Meter-Grenze überschritten hatten, überkamen einen meiner Träger fürchterliche Hustenanfälle. Aus meiner Reiseapotheke gab ich ihm eine Tablette, die ihm sofort Linderung verschaffte. Er war so glücklich darüber, daß er mich bat, ihm anstatt seines Lohns noch ein paar dieser „Wundertabletten" zu geben. Am Abend im Lager interessierte mich die Zusammensetzung dieses Präparats, und ich las den bei uns üblichen Beipackzettel. Darauf stand unter anderem: „ein aus der Himalajapflanze Adhatoda-Vasica-Rees gewonnenes Mittel, das in der indischen Medizin seit Jahrhunderten erfolgreich angewendet wird ...", so schließt sich der Kreis.

In der tibetischen Medizin wird die Funktion der Ärzte meist von Mönchen übernommen, die als Heilkundige ausgebildet sind und ein großes Wissen über Kräuter

und Mineralien besitzen. Daneben gibt es Magier und Schamanen, aber auch jene Leute, die in der Lage sind, Horoskope zu stellen und über mögliche Krankheiten zu informieren. Im allgemeinen erhalten die Ratsuchenden auch gleich ein Rezept dazu, zum Beispiel: „Wenn ihr krank seid, müßt ihr drei Gebete lesen lassen." Es sind Texte zu einem Ritus, der dazu dient, bestimmte Geister zu verjagen. In ihrer tiefverwurzelten Religiosität verlassen sich die Tibeter ganz auf die Ratschläge ihres Lamas oder Tsipas, wie sie den Astrologen nennen. Mit hölzernen Druckstöcken fertigen sie Diagramme und Zaubersprüche an, verschnüren das zusammengefaltete Papier mit vielen bunten Fäden, und der Kranke trägt es dann als Amulett am Körper. Der Glaube an die Wirksamkeit solcher oder ähnlicher Amulette ist über die ganze Welt verbreitet. Talisman und Amulett gibt es seit vorgeschichtlicher Zeit, und der Glaube an ihre Wirksamkeit hat Steinzeitmenschen wie Angehörigen von Hochkulturen schon geholfen. (Gerade in der westlichen Zivilisation wird er wieder modern.)
Jedes kleine Dorf hat seinen Heilkundigen, der sich natürlich sehr von den klugen und ausgebildeten Ärzten des Medizinzentrums, das sich heute in der Nähe des Wohnsitzes des Dalai Lama in Dharamsala befindet, unterscheidet. Ich habe alle Arten getroffen: von der Nonne, die von Geistern besessen war, bis zum Dorfschamanen, der ein bekannter Trommelwahrsager war. Sie haben verschiedene Hilfsmittel, um ihre Diagnosen und Prophezeiungen zu bekräftigen: Glocken, klirrende Anhänger und Trommeln. Gesänge und Gebete begleiten ihre Behandlung; und manchmal versetzt sich der Behandelnde einfach nur mit Alkohol oder Drogen in den gewünschten Rauschzustand, um den Kontakt mit der Gottheit herzustellen.
Solch eine Behandlung ist immer wie ein kleines Fest. Schon früh am Morgen eilen die Frauen mit ihren Kindern zum Magier, um ihre Leiden kurieren zu lassen. Hat er seinen Trancezustand erreicht und ein Geist von ihm Besitz ergriffen, kann die Zeremonie beginnen. Jeder Dorfschamane hat seinen kleinen Altar, den er vor sich aufbaut, mit all den Schüsselchen, Gerstenkörnern, dem Tsampamehl und den Amuletten, die er für seine Beschwörungen benötigt. Betäubender Weihrauchduft hüllt alles in eine Wolke von Geheimnis und Traum. Ein Assistent hat die Aufgabe, mit einem qualmenden Wacholderzweig die bösen Geister von seinem Meister fernzuhalten. Zwischendurch reicht er ihm immer wieder eine Schale mit Gerstenbier, um die Ekstase möglichst noch zu steigern.
Die erste Patientin hat Schmerzen am Knie. Durch ein schmutziges Tuch, das er vor seinen Mund gebunden hat, beginnt der Schamane an der kranken Stelle zu saugen und spuckt die Krankheit in eine mit Wasser gefüllte Schale. Erleichtert geht die Frau nach Hause. Ein Mann ist matt und schlapp. Der Amtschi fühlt den Puls; er fühlt sechsmal, denn nach tibetischer Auffassung hat der Mensch an jeder Hand drei Pulse, aus denen sich die Funktionen von Magen, Leber, Herz usw. ablesen lassen. Nachdem alle Hilfesuchenden behandelt sind, setzt sich der Medizinmann und beendet mit Doppeltrommel und Glocke seinen Trancezustand. Nur sehr langsam kehrt er in unsere Welt zurück.
Natürlich ist eine solche Behandlung für uns befremdend, aber die Menschen in ihren abgelegenen Dörfern glauben daran, und das ist das Entscheidende. Ich habe sie alle getröstet und zufrieden davongehen sehen.
Wie schon erwähnt, gibt es neben diesen Magiern, Trancetänzern und Heilpraktikern noch die sehr ernst zu nehmende und für uns Europäer auch wissenswerte Medizin der Tibeter. In Lhasa gab es zwei Schulen, eine in der Stadt und die andere auf dem sogenannten „Eisenberg". Leider wurde letztere während der Kulturrevolution zerstört, und damit hat Lhasa ein wunderschönes Wahrzeichen verloren. Glücklicherweise haben kluge Medizinschüler die unschätzbaren Rollbilder (Thankas), die Lehrtafeln über Medizin, noch rechtzeitig in Sicherheit bringen

können. Meines Wissens sind etwa 80 solche Rollbilder gerettet worden, und jedes einzelne ist ein wissenschaftliches Gemälde, das eine Doktorarbeit füllen könnte. Allein schon die anatomischen Zeichnungen faszinieren den Betrachter. Ein Bild erklärt die Gefäße, ein anderes die Nerven, wieder ein anderes den Knochenbau, die Gesichtsformen, Gelenke und Pulse. Am buntesten sind jene Tafeln, auf denen in Naturfarben Kräuter, Mineralien und Tierprodukte gemalt sind; andere zeigen die verschiedenen Anwendungsgebiete von Wasser oder realistische Darstellungen von Vergiftungserscheinungen und deren Behandlungsmethoden. Ein sehr wichtiges Bild erklärt das System der tibetischen Heilkunde anhand eines Baumes: Die Vorgänge und Interdependenzen von der Diagnose bis zur Therapie gleichen Stamm, Wurzeln, Zweigen, Blättern und ihren Funktionen.

Seit der Flucht des Dalai Lama 1959 ist die wichtigste Aufgabe der Exilregierung die Erhaltung tibetischer Kultur, speziell auch medizinischen Wissens. Um die Tradition zu pflegen, hat der Dalai Lama in Dharamsala (in der indischen Provinz Himachal Pradesh) das Tibetische Medizinzentrum gegründet. Mitglieder angesehener tibetischer Familien sehen es als Verpflichtung an, dieser Einrichtung ihr Wissen und ihre Arbeitskraft zur Verfügung zu stellen. Leiter des Medizinzentrums war bis zu seinem Tod im Jahre 1986 Lobsang Samten, einer der älteren Brüder des Dalai Lama. Inzwischen ist Samtens Frau Namlha, eine Tsarong-Tochter, zu seiner Nachfolgerin ernannt worden. Die buddhistische ganzheitliche Auffassung von Geist und Körper wird weiterhin die Grundlage der tibetischen Medizin bleiben. Und allmählich gehen auch westliche Ärzte dazu über, sich über die Richtigkeit dieser Einstellung Gedanken zu machen.

Astrologie, tibetische Heilkunde und Yoga sind die Hauptthemen vieler Briefe, die mich seit Jahren erreichen. Oft muß ich dann die Schreiber enttäuschen, denn ich glaube an die Naturwissenschaften. Ich bestreite nicht, daß die historische Astrologie, wie sie auch die Tibeter betreiben, buntschillernd und voller Poesie ist, und die phantasievolle Betrachtung des gestirnten Himmels hat sicher die Kreativität der Menschen beflügelt. Auch waren die Tibeter mir gegenüber immer tolerant und respektierten meine „Ungläubigkeit“, ohne mich einen kalten Realisten zu schelten, wie die Sterngläubigen unserer Tage es mit dem Zweifler tun.

Ähnlich ergeht es mir mit der Flut von Briefen, die um Ratschläge zu Meditation und Yoga bitten. Ich habe wunderbare Yogis erlebt, Männer, die wochen- und monatelang am gleichen Platz saßen, von Hitze und Kälte unberührt ihre Meditationsübungen machten und ihren Körper vollkommen beherrschten. Sie erklärten mir, glücklich zu sein und jede Krankheit von ihrem Körper fernhalten zu können. Für sie ist es nur eine Frage der Willenskraft, um mit Ausdauer und Training diese höchste Vollkommenheit zu erreichen.

Für uns westliche Menschen wage ich dies zu bezweifeln und spreche es in meinen Antworten auch aus. Sicher kann man die gymnastische Seite des Yoga nachahmen und auch erlernen, aber ich bezweifle, daß wir zu nur annähernd ähnlichen geistigen Ergebnissen kommen. Wir sind keine Asiaten, haben andere Wurzeln und eine andere Mentalität, und wir müssen uns damit abfinden, daß uns die Kultur dieser Menschen mit ihrer jahrtausendealten Tradition in ihren tiefsten Gründen verschlossen bleiben wird. Da hilft kein gelbes Gewand, kein geschorener Kopf und auch nicht das Erlernen hunderter Yoga-Stellungen.

Am ehesten können wir noch von ihrer Naturmedizin profitieren, wenn ich auch davon überzeugt bin, daß der Ausspruch eines berühmten Arztes Anfang dieses Jahrhunderts: „Medizin wird Naturwissenschaft, oder sie wird nicht sein“, stimmt; man braucht nur an die Infektionskrankheiten, Seuchen und lebensrettenden Operationsmethoden zu denken. Dennoch darf man die Erfolge der Naturmedizin nicht ganz beiseite schieben. Wir wissen heute zum Beispiel durch psychosomatische Forschung, welch große Rolle das Seelenleben der Patienten spielt. Hier gibt es sicherlich Behandlungsmethoden, die sich in der naturwissenschaftlichen Medizin nicht finden lassen, und so suchen die Kranken nicht den Arzt, sondern den Naturheilpraktiker auf. Die Patienten glauben, wie ich in Tibet immer wieder beobachten konnte, an ihren „Amtschi", und so kann er ihnen anscheinend auch helfen. Bei ihnen ist im Gegensatz zu uns Medizin nicht nur Naturwissenschaft, sondern eng verbunden mit Religion und Ethnologie. Der Dalai Lama hat einmal zu mir gesagt: „Ihr geht jährlich zum check-up, und euer check-up war perfekt und zufriedenstellend. Doch fehlt euch etwas. Und nun kommen wir mit unserer Medizin ..."

Auf diesem Gebiet meine ich, können wir noch viel lernen, denn nicht immer ist es allein die Rationalität, die dem Kranken hilft. Paracelsus, der große Arzt zur Zeit des Humanismus, hat gesagt: „Der höchste Grad der Arznei ist die Liebe. Sie ist es, welche die ärztliche Kunst lehrt. Außerhalb ihrer wird kein Arzt geboren."

Diese Liebe, gepaart mit Geduld, können wir ohne jeden Zweifel von den asiatischen Naturheilern lernen.

S. 168/169:
Im Norden von Nepal, in 4.000 Meter Höhe, meditiert ein Yogi angesichts der Eisriesen des Himalaja (ganz rechts der Dhaulagiri)

Stundenlang beobachtete ich diesen Guru an einem Wasserfall eines Quellflusses des Ganges. Um seinen Kopf in der gleichen Richtung halten zu können, hatte er sich einen Kinnhalter geschnitzt

Am Pilgerweg zur Quelle des Ganges: Dieser Guru ist genauso wie die heiße Quelle – im Bild ganz oben – dafür berühmt, Frauen zur Fruchtbarkeit zu verhelfen

Dieser Yogi meditierte stundenlang im eisigen Ganges-Wasser

Die Waschung im eiskalten Gletscherwasser des Ganges gehört zu den Ritualen der Pilger auf dem Weg zur heiligen Quelle

S. 176/177:
Die weite und karge Landschaft von Tibet und Ladakh macht es möglich, daß Mystik und Magie hier besonders gedeihen

Unter Zauberern, Wahrsagern und Astrologen haben bei den Himalajavölkern vor allem die Orakel ein weites Betätigungsfeld und können große Berühmtheit erlangen. Jedes Kloster hat sein eigenes Orakel. Im Bild rechts das von Piang während der Wiedereinsetzungsfeierlichkeiten des Rinpotsche

Links: Ein Trommelwahrsager in Leh: Durch die Schallwellen des Glockenklangs tanzen Körner auf einer Trommel und er zieht daraus Schlüsse auf die Zukunft. Rechts: Zwei Orakel in Sikkim, die ich vor Expeditionen befragte. – Auch Frauen können medial veranlagt sein

Oben: Die zahlreichen heißen Quellen spielen eine Rolle bei den Heilmethoden. Unten: Eine tibetische Flüchtlingsfrau in Nepal beim Spinnen von Schafwolle

Der Himalaja-Rhabarber, die Brahma Lotos (rechts oben) sowie der blaue Mohn, der hier von einem Arzt – er hat noch in Lhasa studiert – in Händen gehalten wird, spielen in der Heilkunde eine Rolle. So wird der blaue Mohn zum Beispiel bei der Behandlung von Knochenentzündungen verwendet

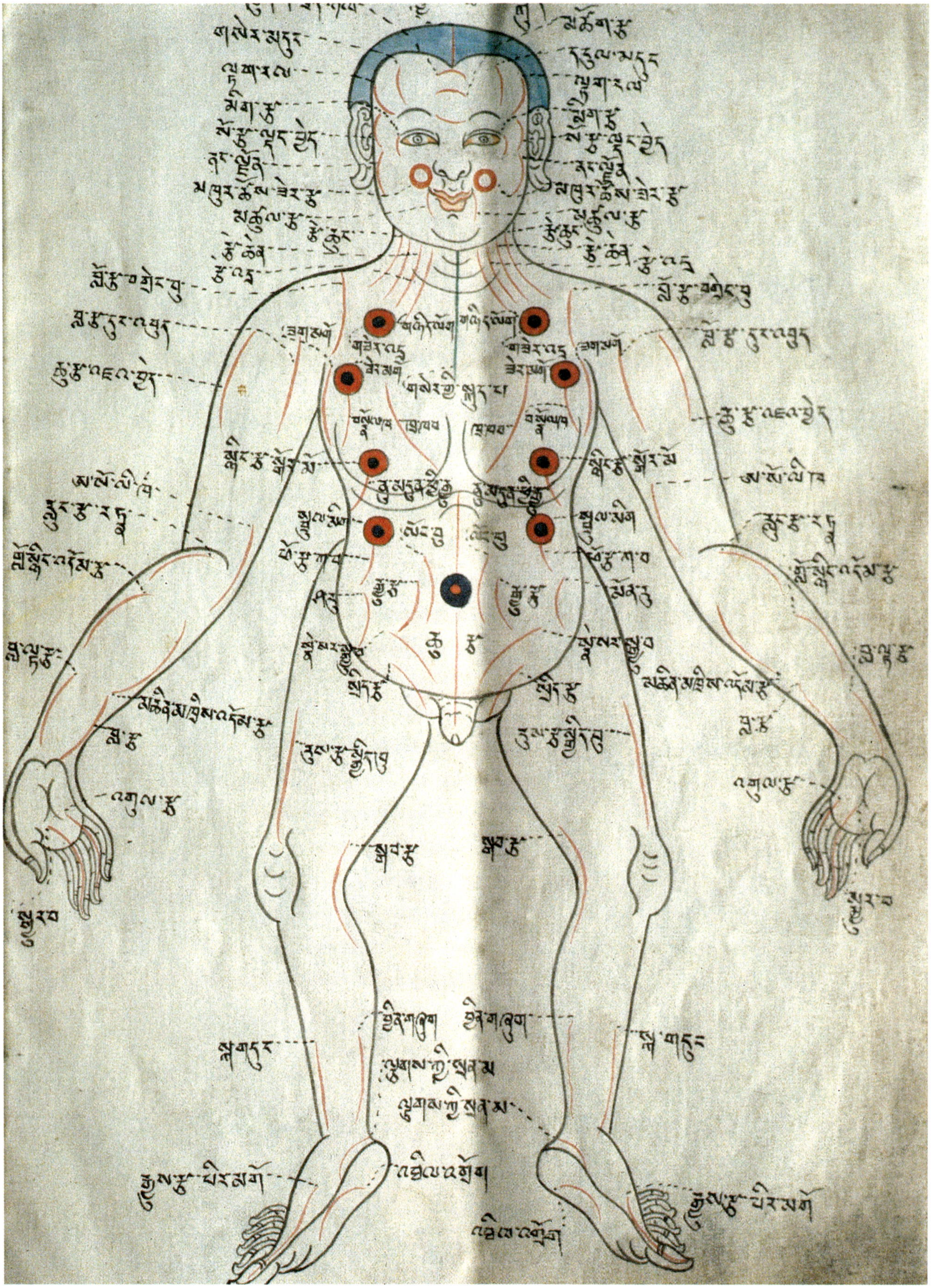

Das Mess
Pulse – n
scher Au
hat der M
jeder Har
Pulse, die
dene Org

Einer der geretteten Thankas aus der Medizinschule vom „Eisenberg“ (Tschagpori) von Lhasa, die während der Kulturrevolution leider zerstört wurde (linke Seite), . . . und ein anderer, der den 5. Dalai Lama, der sich viel mit Medizin beschäftigt hatte, darstellt

Immer wieder bin ich in Himalajaländern, ja sogar bei den tibetischen Flüchtlingen in der Schweiz, Kindern begegnet, die als Wiedergeburten erkannt und dann in einem Kloster als „lebende Götter“ erzogen werden. Beim Auffinden dieser Inkarnationen spielen Wahrsager und Orakel eine große Rolle.

Links ein Rinpotsche, wie diese Inkarnationen angesprochen werden, in Bhutan, rechts in Nordindien

Novize mit seinem Lehrer in Lhasa

Rückblicke

Schaue ich mir heute die mehr als 60.000 Bilder an, die ich auf meinen Forschungsreisen gemacht habe, so ist es ein Blick zurück in eine im Untergang befindliche, fast schon vergessene Welt. Und ich erlebe, daß der Inhalt einiger meiner Bücher bereits Geschichte ist. Die Erde ist klein geworden. Moderne Verkehrsmittel verringern die Entfernungen; ja es ist uns zur Selbstverständlichkeit geworden, daß der Mensch auch den Raum außerhalb unserer Erde zu erobern begonnen hat. Ost und West pulsen hin und her, die Völker und ihre Kulturen sind räumlich zusammengerückt. Aber ob das zu einer Art Ausgleich führen wird?
Im Gegensatz zu den stolzen Errungenschaften unseres technischen Zeitalters, sind die Menschen in vielem ihren Traditionen verhaftet. Ich konnte immer wieder feststellen, daß Völker einander noch genauso fremd sind wie zu Zeiten Marco Polos oder Magellans. Wie könnte man sonst erklären, daß ganze Stämme vom Aussterben bedroht sind? Für sie geschieht nichts. Im Gegenteil! Man denke nur an die „Transamazonica", jene große Straße, die quer durch den brasilianischen Urwald getrieben wird und die den Indianern des Amazonas-Gebietes ihre letzten Refugien nimmt. Mehr noch, sie kaltblütig zugrunderichtet.
Ich hatte noch das große Glück, Menschen zu begegnen, die mit ihrem einfachen Dasein zufrieden waren und Haß und Neid, wie sie zu unserer vielgepriesenen Zivilisation gehören, nicht kannten. Tibeter, Indianer, Papuas und Negritos – ich lernte sie noch als freie und stolze Menschen kennen, mit ausreichendem Lebensraum und einer Überlegenheit, die vermittelte, daß sie uns nicht brauchten, nicht wollten, ja nicht einmal sehen wollten. Sie alle wird es bald nicht mehr geben. Die Sentinelesen auf den Andamanen wären sicherlich die letzten, die sich freiwillig unterwerfen würden. Mit großer Dankbarkeit denke ich gerade an diese Expedition zurück, denn damals habe ich etwas gesehen und erlebt, wonach sich wohl jeder Anthropologe sehnt: Es war mir vergönnt, Lebensformen zu beobachten, die heute einmalig sind und bald nicht mehr existieren werden. Die Menschen im Dschungel von Borneo ließen mich dabeisein, wenn sie mit Steinen und rauschenden Wasserfällen Zwiegespräche führten und sich Zuspruch holten bei den Geistern, die ihre Natur belebten. Inzwischen brauchen sie sich nicht mehr an den Feind heranzuschleichen, da sie jetzt Waffen haben, die im Gegensatz zum Blasrohr auch auf weite Entfernungen treffen, aber damit verloren sie ihren sicheren Instinkt und die unzähligen Naturlaute, mit denen sie sich verständigten. Ich sah sie täglich nackt in frischem Wasser baden, und ihre Haut war schön und glänzte vor Gesundheit. Inzwischen hat man ihnen bunte Stoffe und Tennisschuhe gebracht, und sie gehen nicht mehr ins Wasser und haben statt dessen Hautkrankheiten und Schweißfüße. Es kam der Missionar und lehrte sie, sich zu bekleiden. Aber sie wußten nicht, warum, denn die Touristen bewegten sich am Strand völlig nackt. Schwindelerregend für mich, wie schnell diese Entwicklung fortschreitet! Noch sehe ich mich unter den Xingu-Indianern beim Totenfest und beobachte, wie sie sich mit Naturfarben bemalen, ihre Tänze aufführen – nicht für Touristen – und in den klaren Flüssen ihre Fische zur täglichen Nahrung fangen . . . Aber schon ist kein einziger dieser Stämme mehr vorhanden.
Daß sich die Welt, in der wir leben, seit dreißig, vierzig Jahren radikal verändert hat, bedarf für mich und meine Altersgenossen keiner Beschreibung, wir haben es an uns selbst erfahren. Herbert Kessler, Vorstandsvorsitzender der Humboldt-Gesellschaft für Wissenschaft, Kunst und Bildung, hat in eindringlichen Worten vor den Gefahren gewarnt, die die Menschen bedrohen und letztlich die Zerstörung des Lebens auf der Erde zur Folge haben könnten. Sie „werden sich nur mei-

stern lassen, wenn die Humanität und eine recht verstandene Toleranz zu Maßstäben des Handelns aller werden".

Das ist eine Erkenntnis, die dem Oberhaupt der Tibeter, dem Dalai Lama, seit langem selbstverständlich ist. Dieser große Mensch, den ich Freund nennen darf und dem ich mich von Jahr zu Jahr tiefer verbunden fühle, hat in vielen Predigten ausgesagt, was den Menschen heute helfen kann. Auch er sieht den ungeheuren Aufschwung der Technik, vor allem „was die äußere Materie und Wirtschaft" anbelangt. Er beschäftigt sich mit den Errungenschaften der Wissenschaft, die den Menschen zum Segen gereichen können, wenn sie in verantwortungsbewußten Händen liegen. Aber er warnt auch vor der Annahme, der technische Fortschritt und die Verbesserung der Lebensbedingungen führten in eine Art Paradies. Mit bleibendem Glück hat das alles wenig zu tun. Den Weg dazu zeigt eher der Buddhismus, und daher glaubt der Dalai Lama, daß eine Verständigung zwischen der östlichen Weisheit und der westlichen Wissenschaft – vor allem für die Beziehung zwischen Materie und Geist – von großem Wert sein könnte.

Ich habe durch meinen langen Aufenthalt in Tibet und später in meiner Freundschaft mit klugen Tibetern zwar nicht zum Buddhismus als meinen Glauben gefunden, aber doch sehr viel von dieser Religion profitiert und gelernt. Ich bemühe mich, Gelassenheit und Toleranz zu üben, und habe Ehrfurcht vor jeder Form des Lebens. Die Worte des Dalai Lama, die Stärke des Geistes zu sammeln und ihn nicht auf viele verschiedene Dinge abzulenken, sondern – wie der Buddhismus es vorschreibt – mit Intelligenz seine Fehler zu beseitigen, sind mir seit meinem Aufenthalt in Lhasa Ansporn und Ziel geworden.

Auf Glück und Wunder habe ich mich während meiner Expeditionen nie verlassen. Glück, soweit es nicht mit der Technik in Zusammenhang stand, ist für mich stets der Einsatz der letzten Reserven, doch war ich immer bemüht, es nicht darauf ankommen zu lassen. Vernunft, Vorbilder und gründliche Vorbereitung waren bisher die Pfeiler meiner Unternehmungen. Niemals habe ich absichtlich Gefahren gesucht, um dann nach gutem Ausgang Sensationsberichte darüber zu schreiben. Vorbilder waren mir mein Leben lang die englischen Forscher, die einen Plan hatten, ihn ausführten und dann sachlich und verständlich darüber berichteten. So wollte auch ich sein, und ich hoffe, daß es mir gelungen ist. Ich denke da an eine Situation am Frankfurter Flughafen, als ich mit meinen Begleitern von einer Tour, die uns ungewollterweise auch in das damals schon sehr unruhige Uganda geführt hatte, zurückkam. Wir hatten ein paar kritische Situationen mit unberechenbaren Soldaten zu bestehen gehabt, und als ich den anwesenden Journalisten in knappen Worten davon berichtete, sagte einer: „Herr Harrer, bitte etwas mehr Blut und Schweiß . . ."

Gut vorbereitete Expeditionen, die geleitet werden von gesundem Menschenverstand, Einfühlungsvermögen und Taktgefühl den anderen Menschen gegenüber, sollten eigentlich immer zu einem guten Ende führen. Ich habe nicht mit Riesenschlangen gekämpft, und hinter den Büschen lauerten keine Tiger und Kannibalen, wenn ich mir den Weg durch den Dschungel schlug. Eine Waffe habe ich auf meinen Expeditionen nie dabeigehabt. Sie hätte auch gegen die Überzahl der Eingeborenen wenig Sinn gehabt. Geduld und Verständnis sind ein weit besserer Schutz.

Und noch einmal möchte ich die Vorbilder erwähnen, die jeder Mensch haben sollte. Denn keiner schafft es allein, es gibt immer Vorgänger, denen man nacheifern sollte und denen man dankbar sein muß. Ich hatte das große Glück, Alfred Wegener und Sven Hedin zu kennen. Alexander von Humboldt war mir aus seinen Büchern vertraut wie ein Freund. Ihre Arbeiten waren lebendige Geografie, die fesselnd zu lesen war und die mich dazu bewog, ihren Spuren zu folgen. Nach dem Studium in Graz begleitete mich die Geografie wie ein roter Faden, mehr als fünfzig Jahre.

Mein Enthusiasmus zur geografischen Erforschung unbekannter Gebiete und Menschen wird nur noch übertroffen von meiner Hartnäckigkeit, bis zum Ziel durchzuhalten. Auf über zwanzig Expeditionen konnte ich nun selber Erfahrung und Wissen sammeln, und heute erlebe ich die Freude, daß junge Menschen zu mir kommen und mich um Rat fragen. Ich glaube, daß dieser Kontakt mit der Jugend auch mich jung erhält. Gerade Alexander von Humboldt war dafür bekannt, daß er selbstlos und uneingeschränkt sein Wissen an junge Forscher weitergab – ich denke dabei an die Brüder Schlagintweit. Die Verleihung der Goldenen Humboldt-Medaille bedeutet für mich auch die ehrenvolle Verpflichtung – in aller Bescheidenheit –, seinem Beispiel zu folgen.

Seit nunmehr fünfzehn Jahren gibt es in der Ramsau im schönen Dachsteingebiet eine „Heinrich-Harrer-Abenteuer-Schule". Dort treffen sich alljährlich die Preisträger des Raiffeisen-Jugendwettbewerbs „Jugend forscht". Hier trainieren Jugendliche aus vielen Ländern vor allem umweltgerechtes Verhalten. Sie müssen Landkarten lesen, Kompaß und Höhenmesser bedienen lernen, damit sie auch im unbekannten, weglosen Gelände sicher ans Ziel kommen. Sie sollen Abenteuer erleben und trotzdem keine Abenteurer sein. Leider haftet dem Wort Abenteuer im deutschen Sprachgebrauch etwas von unrealistisch, unglaubwürdig und leichtsinnig an. Das englische „great adventure" oder „adventurer" steht dem ursprünglichen Wort „aventure", das aus dem Mittelalter stammt, sehr viel näher und ist mir daher lieber. Mit Hilfe dieser Fähigkeiten, die das Risiko ausschalten, wird das Gehen in den Bergen ein großes Abenteuer, aber der Wanderer ist kein Abenteurer.

Von allergrößter Bedeutung ist es, den Jugendlichen beizubringen, wie sie sich umweltgerecht verhalten. Immer mehr Menschen fliehen aus den Großstädten, wandern in den Bergen oder machen Trekking in aller Welt. Die Folgen dieser verständlichen Entwicklung sind verheerend. Allein in den Alpen werden jährlich mehrere tausend Tonnen Müll zurückgelassen, weil die Menschen ihn hinschleppen, aber nicht mehr mit nach Hause nehmen. Gar nicht zu reden von vielhundertköpfigen Expeditionen, bei denen Bäume im Hochgebirge unkontrolliert geschlagen und verfeuert werden. Die danach entstandenen Schäden sind unabsehbar und in Jahrzehnten nicht wiedergutzumachen. Da Umweltsünden meiner Ansicht nach zum Teil eine Frage der Erziehung sind, bin ich sehr glücklich, daß wir diese Schule gegründet haben und zu einem kleinen Teil mit dazu beitragen können, die Natur vor dem Untergang zu bewahren.

Allerdings bietet auch das hier Gelernte keine absolute Sicherheit, denn die gibt es nicht. Man muß wissen, daß Naturgewalten nicht zu beherrschen sind. Darum bin ich auch gegen Schlagworte wie „die Eroberung" oder „der Sieg" über einen Berg oder eine Wüste. Die Naturkräfte lassen sich nicht von uns beherrschen, schon gar nicht besiegen, das zeigen sie uns immer wieder.

Aber auch Erfahrung, wenn sie zur Gewohnheit wird, bringt letztlich keine Sicherheit. Ich erinnere mich an meinen schweren Sturz in Neuguinea. Was mir an dem Wasserfall passiert ist, wäre einem völlig Unerfahrenen nicht passiert, denn er wäre nie auf die Idee gekommen, bis dorthin vorzudringen. Zweifellos bekommt man im Lauf der Jahre einerseits größere Sicherheit und mehr Vertrauen in das eigene Können, in die eigenen Möglichkeiten. Aber dieses gleiche Vertrauen birgt andererseits Gefahren in sich, die dem Unerfahrenen nicht drohen. Ohne Selbstvertrauen keine Leistung, das ist klar. Aber der Wille, etwas Außergewöhnliches zu leisten, erhöht auch zwangsläufig das Gefahrenmoment.

Ein Beispiel aus einem ganz anderen Gebiet mag diesen Gedanken erläutern: Ein schlechter Schwimmer, der sich infolge seiner Unerfahrenheit wenig zutraut, wird sich kaum mehr als 50 Meter von der Küste entfernen. Die Gefahren in diesem Bereich sind gering. Ein guter Schwimmer,

der sich – mit Recht – auf seine Kräfte und Fähigkeiten verläßt, wird vielleicht einige hundert Meter hinausschwimmen, und damit wächst die Gefahr eines plötzlichen Sogs draußen im offenen Meer, oder es gibt dort möglicherweise Haie. Der Weg für die Retter jedoch ist ebenso weit geworden, wie der Unternehmungsgeist den Schwimmer getragen hat. Andererseits, ein 50-Meter-Mann wird nie einen Kanal durchschwimmen. Vielleicht wird man mir entgegenhalten: „Wer will schon einen Kanal durchschwimmen? Wer will auf den Nanga Parbat? Wer will die Eiger-Nordwand durchsteigen?" Oder auf mein Unglück am Wasserfall bezogen: „Wer will schon zur ‚Quelle der Steinäxte'?" Ich glaube, viele möchten es. Viele wollen es. Aber nur wenige wagen es. Das ist eine Frage der Lebensauffassung und – der Erfahrung.
Natürlich hatte auch ich – nach Beendigung einer besonders anstrengenden und schwierigen Forschungsreise – schon den Wunsch, ein 50-Meter-Mann zu werden, ein geruhsames Leben zu führen. Ich liebe noch so viele andere Dinge im Leben: meine Bücher, Musik, Golf, Schilaufen. Ich höre und lese auch gerne, was andere erlebt haben. Ich könnte weitere Bücher schreiben, an einer tibetischen Enzyklopädie arbeiten, die Geschichte der Stadt Lhasa aufschreiben, aber vorerst ziehe ich das Erleben dem Nachlesen vor. Ich bin froh, trotz meines Alters immer noch Ziele vor mir zu sehen. So war es mein ganzes Leben lang. Es gab kein endgültiges Ziel, sondern nur notwendige Stationen, von denen aus man dann auf das nächste, längst gesteckte Ziel losgeht. Außerdem hat man viele Ziele zur gleichen Zeit, und sehr oft kommt man nicht dazu, selber und nach freiem Willen zu wählen. Die Dinge kommen auf einen zu, und plötzlich ist eine Entscheidung gefallen, aus dem Charakter, der Wesenslage, durch Zufälle begünstigt oder durch fremde Entscheidungen beeinflußt.
Die Antworten auf die immer wieder gestellte Frage, warum man etwas macht, werden je nach Person und Veranlagung, natürlich auch nach Alter, verschieden ausfallen. Eines aber werden sie bestimmt alle gemeinsam haben: die Lust am großen Abenteuer und die ewige Sehnsucht des Menschen, etwas Neues zu entdekken, Erkenntnisse zu erwerben – Erkenntnisse auch über sich selbst. Und ich glaube, daß gerade darin der zündende Funke liegt, der es ermöglicht, große Strapazen zu ertragen.
Wenn ich heute auf mein Leben zurückblicke, möchte ich sagen, daß Alter und Jugend gleichermaßen interessant und voll Herausforderung sein können. Jetzt genieße ich die Privilegien des Älterwerdens und stelle fest, daß die Interessen nicht weniger, sondern eher mehr werden. Natürlich ändert man in einem langen Leben seine Ansichten, aber dazu hat man das Recht, denn das Leben besteht aus vielen Stufen, die man hinaufgehen muß. Der organische Aufbau der Lebensabschnitte ist langwierig und erfordert Geduld und Ausdauer, um sich stetig weiter zu entwickeln.
Der Weg zurück ist zwar kürzer, aber auch schwieriger. Man muß sich darüber klar sein, daß es oben auf der Höhe kein Verweilen gibt, und daß man bewußt und behutsam absteigen muß, mit der Heiterkeit und Zufriedenheit des Bergsteigers, der in seinem Leben viele von den höchsten Gipfeln geschaut hat. So kann man hoffen, daß einem auch die größte Gunst des Alters zuteil wird, sich die jugendliche Elastizität zu erhalten und mit Weisheit und Einsicht beschenkt zu sein.

Namensregister

Orts- und Sachwortregister